U0112557

妈妈总是有办法

张丹丹育儿早教启蒙 （升级版）

张丹丹 著

湖南教育出版社

果麦文化 出品

"妈妈"这个角色，有多少可能？有多少学问？张丹丹琢磨着并和妈妈们分享着。这种分享的价值，会在孩子的成长中看得更清楚。

——敬一丹

我也是两个孩子的妈妈。每个妈妈在带孩子的过程中都会有一些相同的感受和困惑。张丹丹是湖南卫视特别好的主持人，她自己独家的育儿方法让我们看到温情母爱和科学方法的结合，真的非常实用，很能解决问题。这是为每一个妈妈准备的独家养育指南。

——刘 涛

我和丹丹是同窗四年的大学同学，同一个宿舍无话不说的闺蜜，她是我们信赖的"室长"。彩旗、安吉和小鱼儿是从小的玩伴。经常是孩子在一边玩，我们俩在一边喝茶聊天，吐槽当妈妈的各种磨炼。她这本书里介绍的处理孩子成长中各种问题的方法都是她每天自己带孩子琢磨出来的，特别实用、管用，推荐给您。

——胡 可

丹丹的新书就像是一场冒险，不过她把亲子教育这场险象环生的经历变成了饶有趣味的探索，很好看也很好用，推荐给有孩子的父母！

——李 湘

有时候，你会有很多办法去解决各种难题；有时候，你会以为自己有办法去解决各种难题；还有的时候，面对带孩子这个难题，爸爸们会找不到任何办法。这个时候，别着急，要相信，妈妈总是有办法！

——黄　磊

这本书是丹丹通过这些年自己的经历总结出来的心血之谈，对于职场妈妈非常有帮助，希望大家既可以做个好妈妈，又是一个女强人，一切都棒棒的！

——何　炅

丹丹不仅是个出色的节目主持人，在育儿上她也有许多独到的见解。你能在这本书中找到最根本的育儿解决方案，科学、实用、简单、有效。快用这本书学习如何给孩子高质量的陪伴吧。

——凯　叔

认识丹丹有些年头了，我们是同事也是同乡，她现在是两个孩子的母亲，这本书里是她当妈妈带孩子的心得体会，希望妈妈们看了后会有一些共鸣。

——汪　涵

目 录

"你看你多幸福，生的女孩是女孩样，男孩是男孩样！"
这是我听到的来自妈妈们的最好褒奖

凌晨四点，你崩溃哭泣过吗

凌晨四点，南方冬天的深夜。

空调的暖风吹了十几个小时，才让这湿冷得浸到骨头的房间有那么一点点暖意。

我怀里抱着刚刚四个月的老二，这个时候的我，困得想撞墙，但还是不得不从温暖的被子里爬出来，给他喂奶。吃完奶的他，心满意足地沉沉睡去了。

我独自坐在那里，突然鼻子一酸，眼泪簌簌地流下来，接着，情绪就像把一块石头丢到水里，扑通一下炸开来，涟漪瞬间漫延，我无法控制自己地号啕大哭，哭得地动山摇。

此时，我 41 岁，是个名副其实的大龄妈妈。

我是一个传统意义上很幸福的人——夫妻恩爱，老公是爱人也是同事，永远有说不完的话；事业有成，获得过金话筒奖，是全国三八红旗手、全国青联委员，在很多人眼里是全国知名主持人；老大懂事，身体健康，没有进过医院，学习不用操心；跟公婆、父母都相处得非常融洽，困扰很多人的婆媳问题在我们家从来没有出现过，公公婆婆和我的爸爸妈妈也相处融洽，假期我们总是一大家子像一个旅行团一样一起旅行。

我没有任何理由哭，那我为什么要哭？为什么那一刻觉得我的人生近乎绝望，没有人可以拯救我？

我用理智做了短暂分析——产后孕激素下降引起的情绪波动。但等我平静下来，我知道，这大部分是因为在带老大的过程中，我花费了太多精力，我累了。

回想怀老大的时候，真是满心欢喜。

那时，我已经在湖南卫视工作了十几年，主持的《晚间新闻》《背后的故事》，无论收视还是口碑都很好。我也开始在主持人工作之外兼任以自己名字命名的新组建团队的制片人。这是我在主持人的身份被业内和观众认可后重新去爬的一座山，虽然很辛苦，但因为对未知的好奇而无比兴奋。就算一直工作到孕九月，挺着大肚子，带着全新的团队，一个字一个字地改稿子，一帧画面一帧画面地剪辑，早上9点开早会，下午5点开晚会，直到晚上10点才回家，我也乐此不疲，完全忘了自己是个孕妇。

我当时甚至以为，熬过了从无到有、带新团队的这些困难，这辈子都不可能有什么事情能难倒我了。

那个时候的我，35岁，人生的阅历和经验都算得上丰富，在一个上升的行业里，在一个人人羡慕的电视平台，从二十几岁开始做谈话节目，见识过各行各业的精英人物，而且自己还一直保持着深度的学习和思考，我无比自信地觉得，做妈妈对我来说，怎么会是个事儿呢？

到了老大出生前的半个月，我才开始休息。出于做了十年谈话节目主持人的一种工作习惯，我对所有将要面对的事情，一定要琢磨清楚才行。所以，那无所事事的半个月，我开始研究带孩子到底是怎么一回事。我要把看别人带孩子产生的一连串问号打通，这样才能说服自己，安心地等待预产期的到来。

我开始上网浏览各种育儿信息、育儿知识，加上平时就有买书看书的习惯，所以这短短的两个星期，我疯狂地一箱一箱地买育儿书。我先生吃惊地问：你看得完吗？而我，完全处在一种如饥似渴的亢奋的学习状态里。

在集训式的海量阅读之后，加上身边有很多优秀女性也传授给我不少经验，我觉得自己在育儿观念、育儿能力上已经做好了万全的准备。我甚至还有点小小的得意，觉得不太可能有妈妈像我这样做这么多功课吧！我像做谈话节目一样，不仅了解了育儿这件事表层的现象，还挖掘了深层次的逻辑；不仅吸纳了中华传统文化里前人的经验，还尽可能地去接触全世界不同地域的育儿理念，以及中西方两种育儿观念之间的交融碰撞。我感觉自己吸足了养分，饱涨着热情，只等着披挂上阵那一刻了。

然后，老大出生了。

我自以为做好了万全的准备，可是，真正去养育一个活生生的孩子时，我还是那么手足无措。

她吐个奶，我要心疼半天；几天不拉粑粑，拉的是干粑粑还是稀粑粑，我也要纠结半天。她六个月的时候，有一次在浴缸里洗澡，突然开始狂哭，我完全不知道发生了什么，慌得六神无主，后来打电话给医生朋友，才知道是肠痉挛，是宝宝常见的一种现象，一颗心才放回肚子里。她一岁之前我是各种担惊受怕，以为大一点就会好了。不承想，一岁又开始有一岁的问题，两岁开始有两岁的问题，好不容易熬到她五岁。

在老大出生后的这五年里，除了工作，我所有的时间都是她的，从来没有出去看过一场电影，没有跟朋友吃过一顿饭，每天陪她睡觉、吃早餐，陪她玩儿，陪她笑，陪她哭。对她，我可谓全身心地投入和付出。

这对于做了十几年电视，基本全是工作、没有生活规律的我而言，是一次生活的回归，更是一次对自己内心、对生活惯性的巨大挑战。

这个时候，老二到来了。

然后，出现了，在凌晨四点一个人坐在房间里号啕大哭的我。在那一刻，我突然觉得，当妈妈真不是人干的活儿。

在那一刻，我又想，这个世界上一定还有一个妈妈和我一样，被无力感深深地包围，无望地痛哭。

我甚至想，把孩子一放就走，但是我不知道要走去哪儿，也不知道要去干什么，就是有一股特别想要逃离的欲望抑制不住地涌上来。那一刻，我特别想有个人来跟我聊聊天，可我把手机打开，没有一个微信消息框弹出来。朋友们都睡了，没有人问我一句：你现在好吗？

我只是孤零零的一个人。

但我不能被困在泥潭里，多年的工作习惯和工作经历告诉我，什么事情都是有办法的！

五年来，我的确是铆足了精神在育儿路上"打怪升级"。我总是在寻找那个最合适的解决方法。就像孩子不听话，打是一种方法，骂是一种方法，把他丢到门外去也是一种方法。但是先拍拍他，接受他的情绪，再用游戏的方法引导他，跟他耐心地讲道理，一起讨论怎么解决问题，这也是一种方法。打骂是一种不假思索的本能反应，而后一种办法明显需要耗费更多的耐心、精力和时间，但无疑，效果也更好，更持久。

就是这样五年的能量消耗，让我从内到外都筋疲力尽。

当我用大哭的宣泄换来平静之后，看着眼前这个软软糯糯的小生命，想想曾经走过的和即将面对的，一个念头冒了出来：

我要做一点事，我能不能写一本书，写一本能够带给妈妈们力量的书？

或许，这本书不能给你所有育儿问题的解决方案，但它会像一幅地图，提供给你一些解决问题的路径。因为你的孩子的问题，只能由你自己给出解决方案。

我更希望把这本书送给和我一样曾经在凌晨四点孤独哭泣的你！

我想让你知道，你不是一个人！你所有的困惑、所有的焦虑、所有的疲惫、所有的无助，甚至不时出现的绝望，我都懂。在这条育儿路上，我陪伴孩子成长琢磨出的方法你拿去就能用。

我想和曾经被无力感包围的你说说话！我想告诉你，在每个难题和困惑面前，请一定相信，妈妈总是有办法！

张丹丹

基础篇

带孩子好比升级打怪，你得比怪物们多些招才行

每个妈妈都是
最好的育儿专家

01

实现自我，还是成就人生角色

我一直清楚地记得第一次站在湖南卫视大楼前的心情——有点忐忑，有点茫然，既充满好奇，又跃跃欲试。我的面前是一整个新世界。

那年我 22 岁，刚从北京广播学院毕业，带着满腔的热情，饱含着对未来无限的憧憬，投身到了电视行业。

彼时，湖南卫视刚刚上星一年多，正处在发展的黄金时期，是一家充满着巨大活力、不断自我更新、一直在突破的电视媒体。在这里，我整个人都被点燃了，所有的潜能都被激发了出来，像一个孜孜不倦的探险者，享受着发现、探索、创造的乐趣，也享受着成就、收获、荣耀带来的狂喜。

进湖南台不久，我就赶上了一档在全国爆火的节目《晚间新闻》，一做就是十年。因为它打破了传统新闻的"八股腔"，其亲民风格让当时的观众耳目一新，成了全国第一档从老到小都有受众并且突破地域限制的新闻节目。我这样一个长相一般、天资平平的女孩也因此走进了广大观众的视野。之后，我主持谈话节目《背后的故事》，24 岁开始，对谈袁隆平、金庸、郎平、梁振英、俞敏洪、熊晓鸽、赵本山、刘和平等各界翘楚。节目深厚而

从《晚间新闻》到《背后的故事》到各种大型晚会，从新闻主播、谈话节目主持人到晚会主持人、
国家级晚会总导演，再到以自己名字命名团队的张丹丹团队制片人，幸运如我，在最好的年华里
遇到了我们国家电视发展的黄金期。谢谢同事，谢谢观众，谢谢湖南卫视

温暖的人文气质，让我站在巨人的肩膀上被全国观众进一步熟知和肯定。

作为一个电视新人，接连获得这样的机会，我是非常幸运的。如果换成现在的环境，必须是非常成熟的个体，才有可能站到那个位置。而在那个年代，电视发展尚不充分，只要具备一定的潜质，前辈们就会看到你的闪光点，就愿意手把手地培养，直到你绽放出自己的光彩。

上天眷顾我，我当然不想浪费这样的机会，也不能愧对前辈们培养我的初心。我的成功有太多偶然，当然，我的学习能力和领悟能力都不差，个性坚韧，愿意全身心地投入和付出。最重要的是，我对这个世界始终抱有强烈的好奇心，并且愿意拥抱所有的未知和可能。

是的，我无比热爱这个职业。无论是以主持人的身份，还是后来以总导演、制片人的身份来跟这个世界对话，我思考问题的方法、做事情的标准和对自我的要求，都深深打上了这个行业的烙印：深度、高效、挑战一切不可能。

在这个行业里，所有人都是年轻的，这里存在着一种天然的青春崇拜。不是崇拜年龄，而是崇拜那种永远朝气蓬勃的生命状态。电视人从来不会被年龄束缚住手脚，永远在学习和接受最新鲜的事物、最潮流的想法，永远在贡献最年轻态的自己，最开始可能是出于工作的需要，随着时间的推移，会慢慢跟这种工作状态产生共振，会让你忘记自己的年龄。

不经意间，我的青春就这样燃烧了。

直到 34 岁，我还没有做妈妈。

每年体检的时候，医生都会善意地提醒：怎么 30 多岁了还不生孩子？毕竟从医学上说，25 岁左右是女性的最佳生育年龄，对母亲和孩子的健康都更有利。

2016年，第12届中国金鹰电视艺术节开幕式暨文艺晚会直播结束后。总导演的工作就是确保直播万无一失，责任在肩，我不能有丝毫懈怠，这一刻才能松口气

只有在这个时候，我才会意识到自己不小了，可一回到电视台，这个"意识"就迅速被我弃之脑后，又开始浑然忘我地工作。

没有在合适的生育年龄成为妈妈的另一个原因，就是恐惧。

我先生有一个表姐非常优秀，毕业于某著名高校土木建筑系，进入职场后表现也非常惊艳，是整个家族的骄傲。然而有一次家族聚会，我惊讶地发现，这个表姐从职场精英彻彻底底变成了"老母亲"。她带孩子事无巨细，呵护备至：孩子要喝水，只需要递过来一个眼神，她立马就把水杯送上去；孩子走到哪儿，她跟到哪儿，第一时间提供全方位服务。她的世界好像只剩下孩子。

看到表姐的变化，我当时被巨大的恐慌控制了，那种对自我的剥夺让我本能地害怕。我的先生也看到了这些场景，我们互相交换了一个眼神，谁也没说话，但是他读懂了我，我也读懂了他：我们不要这样做父母。

一方面，我们所在的行业给我们带来的机会那么多，能够让我们看到的世界那么多彩，让我们获得的成就感那么巨大；另一方面，为人父母要这么具体，这么忘我，这样牺牲，这样渺小，我们不想因为孩子失去自己。

内心的冲突让我在做妈妈面前退缩了，我会变成这样吗？我能够允许自己变成这样吗？我能像她一样做得好吗？我没有答案。

我跟先生后来都默契地回避了这个问题，因为他当时也在事业的上升期，拍的纪录片拿到了全国纪录片的最高奖。我们都觉得自己还可以做得更好，都选择了继续对自我挑战和完善。

这也是我们"70后"共同面对的一个命题：是实现自我重要，还是家庭重要？我们成长在改革开放的年代，国门打开了，瞬间接收到来自世界各地的文化和思想，新鲜感和多样性一波一波地冲击着我们的眼界和心灵，原来我们还有这么多未知没有去了解，还有这么多处女地不曾去涉足。我认为自己还不是一个充分发展意义上的人。

但同时我又是一个在传统家庭里长大的孩子，我的母亲温柔善良，父亲宽厚坚定。他们悉心照顾我跟妹妹，给了我们一个温暖而幸福的童年。所以，我的内心深处仍然向往这样温馨安定的家庭生活。

纠结和冲突一直在撕扯着我。

直到 2011 年，命运似乎为我做了选择。由于湖南卫视进入一个新的发展阶段，节目进行了大面积调整，《晚间新闻》和《背后的故事》都停播了，我也终于可以停下来歇一歇。一扇新的大门也随之打开：我跟先生都觉得是时候要个孩子了。

于是，在我 36 岁的时候，大女儿降生了。五年后，我又有了第二个孩子。

在成为妈妈的这条道路上，可能也正是因为恐惧和纠结，让我对自己到底要怎么做妈妈多了一些思考；也因为我的工作习惯和职业素养让我多问了一些为什么，所以也多了一些办法。我愿意把思考与实践出的这些办法跟所有的妈妈一起分享、一起讨论，我们互相温暖，一起成为更好的妈妈。

02

你的尴尬无助我都有，也都懂

在成为妈妈之前，在各种媒体上看到很多关于妈妈的社会新闻，出自本能的情感，我会愤怒，会同情，有感动，也有敬佩。然后，我会从职业的角度，纯理性地分析看待，探究新闻背后的原因，寻找故事背后的逻辑。

成为妈妈之后，再面对类似的新闻和事件，很自然地，我对她们多了一层理解，一种感同身受。这一层理解和感受打通了我跟所有妈妈情感交流的通道。她们的惊喜和困惑、幸福和疲惫，我突然发现，我懂了。我会很想在她们身边轻轻地说上一句：别慌，你的感受我有过，我都懂，我们一起想办法。

有一次，在长沙飞北京的航班上，我坐在最后一排。

飞机起飞不久，机舱内突然充满了刺耳的哭声。怎么回事？

原来，坐在我前几排的一个孩子，正哭得撕心裂肺。孩子的妈妈一开始耐心地哄他、安抚他，但没有用，他还是哭个没完没了。飞机上的乘客纷纷望向这位妈妈，有些人的眼神里已经明显有了不耐烦。

这位妈妈开始慌神了，越来越多或关切或好奇或指责的眼神让她无比窘迫。很快，她的耐心被消耗殆尽，语气越来越严厉，最后只能用最笨的办法——吼。她可能也知道吼没有用，但是很明显她想不出更好的招了。

结果可想而知，孩子哭得更凶了。

一切糟透了。

看到这个妈妈慌乱成一团，场面越来越失控，我站起来，走到她的座位旁边，跟她旁边的一位大姐说："您好，我也是一位妈妈，孩子跟这个小朋友差不多大，我可能可以帮帮这位妈妈，能不能跟您换个座位？"大姐爽快地答应了。

坐下来之后，我先跟孩子来了个自我介绍："你好呀，阿姨也坐飞机去北京。我们家有一个比你大一点儿的姐姐。我们能不能交个朋友啊？你愿意的话，可以摸摸我的手指头。"

面对第一次见面的陌生人，大多数孩子不希望你马上碰触他，他有一种戒备心理。但是，跟他碰碰手指头，表示亲昵的同时，跟他身体接触面积又不是那么大，这样更能得到孩子的信任。

果然，孩子好奇地看着我，暂时停止了哭闹。

我再一观察，发现孩子穿着特别厚的毛衣，满头都是汗，小脸热得红扑扑的，就大概明白是怎么回事了。于是，我问他："你是不是特别热啊？我们可以让妈妈帮你把这件衣服脱了，你就不会那么不舒服了。"孩子没说话，但是他的眼神晶晶亮地告诉我：是的，是这个问题。

一旁的妈妈有点不好意思了："哎呀，我也知道有点热，但是一会儿到北京下飞机又冷，我怕他感冒就没敢给他脱。"

"你看，飞机要飞两个小时，机舱里温度高，你先给他脱了。他哭闹是因为太热了，脱掉一件衣服就舒服多了，下飞机前你再给他穿上。"

脱掉毛衣之后，孩子慢慢安静下来。所有人都舒了一口气，终于可以享受一段安静的旅程了。

但很快，孩子又大哭起来，妈妈怎么也哄不住。我跟这位妈妈聊了几句，知道孩子犯困了，可他在家睡觉的时候一定要抱着一个毛毛毯，这次出门忘记带了，而且在家他都是躺着吃奶睡觉的，飞机上的座位比较局促，他躺不下来。于是，昏天黑地的哭声又来了。

我语气温和地跟孩子说："你平常睡觉的时候是不是有一个习惯，要拿着自己的毛毛毯啊？阿姨家的姐姐睡觉也有一个习惯，喜欢我摸摸她的后背。你妈妈告诉我，毛毛毯忘记带了，那咱们今天换一下，你摸着妈妈的衣服睡觉行不行呢？你摸摸看，是不是跟你的毛毛毯有点儿像？"

他摸了摸妈妈的衣服，好像是差不多，满意地点了点头。但他又说要躺着睡，我跟他解释："躺着睡可能不行，你看，这儿有三个座位，阿姨坐这个。如果你要躺着睡的话，阿姨就没法儿坐了。要不，阿姨先让开一下，等你躺着睡着了，阿姨再来坐？"

孩子们其实都是天真善良的。他立马奶声奶气地说："不行，不能让阿姨没地方坐。"

我又接着跟他聊："在飞机上是不是跟在家里很不一样？你长大了还会去好多好多的地方，看好多好多不同的风景。不同的地方有不同的乐趣，都是很有意思的。比如，你现在就可以试试在飞机上喝着牛奶睡觉是什么感觉。"

就这样，孩子喝着牛奶安安稳稳地睡着了，一直到飞机降落。

飞行途中，我跟这位年轻妈妈聊天，希望缓解她的不安。她告诉我，她是全职妈妈，老公是华为的工程师，被派驻到乌克兰工作。这次她是带着孩子从长沙飞北京，然后从北京飞基辅跟老公团聚。新手妈妈，第一次带着孩子出门自然是各种困窘，各种不知所措。

下飞机之后，我发现她一个人背一个硕大的包，还有两个巨大的箱子，她得从北京机场的 T2 航站楼转去 T3 航站楼，才能飞基辅。我问她："你一个人带着这么多行李，还抱着个孩子，能找人帮帮你吗？"

年轻妈妈非常羞涩，很不好意思开口请求别人帮忙。我跟北京的朋友约好的时间快到了，但还是放不下这位辛苦又害羞的妈妈，于是拉她上了来接我的车，送她去 T3 航站楼。

在车上，我跟她说："我比你大几岁，有些经验跟你分享一下。第一，永远不要害怕开口寻求帮助。全世界绝大部分人都愿意帮助带着孩子的妈妈，你一定要相信这一点。第二，不要觉得开口求人是一件丢人的事情。你带着这么多行李，必须有人帮忙，这趟旅程才能顺利。否则你的孩子一闹，你就会失控，你一失控，他就会闹得更凶，就类似刚才在飞机上。"

到了 T3 航站楼之后，我帮她找到一位同飞基辅的乘客，拜托这位乘客照顾她们母子。临走前，我跟这位年轻的妈妈说："你加我的微信吧。万一你有什么事儿，我可能办法比你多一点点，你可以问问我。"

一切，不用多想，没有犹豫，自然而然。因为，我也是一个妈妈。妈妈的尴尬无助我也有过，我都懂，妈妈们都懂。

等我跟朋友会合，已经是凌晨，但我是心安的。

03

你的管教夺走了孩子的笑容

"丹丹，你要注意了，你的孩子不爱笑！"演播厅门口，长我几岁的吕雁大姐把我拉到一边，眉头紧锁，郑重地提醒我。

吕雁大姐是资深电视人，负责审片，也是一位优秀的儿童文学作家。

"不爱笑？"我一愣，孩子不爱笑吗？我怎么不觉得？"这有问题吗？"下意识地，我追问了一句。

"所有孩子都是爱笑的，你的孩子嘴角总是向下，不怎么爱笑，可能是你在家对她太严厉了。"这几句话，瞬间击中了我。我从来没有从这个角度去观察过我的孩子，也从来没有意识到自己可能犯下了一个严重的错误。

马上要直播了，没有时间再细聊，作为主持人兼制片人，我必须立刻回到自己的岗位上。

那是 2014 年，女儿两岁。我和我的团队在湖南卫视做了一档新节目——《星剧社》，我们第一次在国内把舞台剧和电视相结合，把这两者的长处在一个新的品类形式中呈现给观众。新的节目形式，意味着没有任何模式和经验可以遵循，任何环节的一点不可控都可能导致全局失败。因此，在做这个项目期间，我整个人都处在高度紧张的状态。

我以为自己能够承受这种压力，我以为自己想了很多办法来平衡工作和育儿，没有把工作中的压力带到家庭里传导给我的孩子，我以为自己做得足够好，直到来审节目的大姐遇到被爸爸带来节目现场看妈妈的女儿，我才知道，我错了。

项目结束，团队放了十五天的假。这段时间，我好好地观察女儿，发现她果然不怎么笑。跟同龄的孩子比，她显得太安静了。她身体健康，养育环境友好，亲人都在身边，那，到底是什么夺走了她的笑容？难道真是我太严厉了？

于是，我把自己抽离开，让理智的我观察自己到底是怎么做母亲的，最后不情愿地得出一个结论：是的，我挺严厉的。

比如，到了饭点就必须吃饭，哪怕她之前可能吃了点东西肚子不是特别饿；吃饭时不能左摇右晃，不能用手抓食物；八点要睡觉就必须上床，哪怕她还想再玩一会儿。

我总是板起脸对她说，这样不可以，那样不行。我担心她养成不好的作息习惯，以后会影响她的学习、她的工作；我担心她不好好吃饭，没有好的餐桌礼仪，会被人说没有教养……我担心很多个以后的以后，所以我要她现在就做到一百分。

我一直以为我是为女儿好。我一直以为自己是温柔的，温柔地给她讲故事，陪她聊天，陪她一起疯一起闹。即使她发脾气，我也会用游戏的方法来处理：你想要犀牛妈妈还是小猫妈妈？哎呀，我马上就要变成犀牛妈妈喽。

我是多么沾沾自喜。

原来，我自以为的温柔不过是严厉的变种，不过是换了一张不那么凶狠的脸孔而已。

一天中午，到了吃饭的时间，女儿还想玩玩具，我坚定地告诉她不行。我蹲下来跟她说了很多道理，但即使我蹲下来也比她高，声音又比她大，表情还非常严肃。女儿只有两岁，小小的一个人，也说不赢我，于是她就往地上一躺开始号啕大哭。

她这个耍赖皮的举动一下把我激怒了："你哭什么哭？你有嘴巴，要把想说的话说出来，不要用哭闹的办法。我不是跟你说过了吗？怎么又做不到了？"

我以为耐着性子说了十次的事情孩子就能听懂做到，我以为孩子几天就能养成一个习惯。在训斥她的那一瞬间，我完全没把她当成两岁的孩子。

看着她躺在地上大哭，盛怒之下我打了一下她的屁股，她哭得更凶了。我的火噌的一下烧到了头顶，她继续哭，我就继续打，到后来我已经完全失去理智，被人的动物性所操控，心里只剩下一个执念：你是我的孩子，你必须听我的。

女儿哭得昏天黑地，把之前吃进去的东西全吐了出来。

我茫茫然地站在那里，也很想哭。理智告诉我应该抱抱她，她那么无助，可我挪不动脚步，张不开手臂，只觉得眼前这个孩子是那么陌生，我自己也好陌生。我的那些沾沾自喜全部化成了齑粉。

我家的保姆吴姐一把把我扯到一边，从小看着孩子长大的她着急地说："以前老话说，天王老子不打吃饭人，不要在饭桌前打孩子，你这样对孩子，孩子即使吃进去了也不会消化，对孩子不好的呀。"

吴姐的几句话把我喊醒了。

吴姐来我家工作已经十三年了，她中年守寡，一个人辛辛苦苦把两个孩子拉扯大，是一位非常了不起的母亲。她这句自民间听来的老话启发了我：我为了所谓的规矩，忽视了人的本性。那一刻，吴姐把我从一摊泥泞中拯救了出来。

我看过的育儿书、听过的育儿讲座都告诉我，要给孩子立规矩，要让孩子懂规矩，守规矩，但是没有育儿专家告诉我，规矩立了要怎么执行，什么情况下要坚持执行，什么时候可以变通。

我也因此明白了，其实，世上没有什么育儿专家能真正帮你，妈妈们要做自己的育儿专家。不论年龄，不论文化程度，也不论是办公室里的白领、金领还是像保姆阿姨吴姐，陪伴孩子最多的是妈妈，了解孩子每一个细节的也是妈妈。

妈妈的那些无效、无力的育儿时刻，很可能是因为她在那一刻卡壳了。她只是需要旁边的人稍稍碰她一下，点醒她。育儿专家给的建议，是各个年龄段孩子的共同规律，真正能实战育儿的是妈妈自己。

你才是孩子最好的育儿专家。

虽然我开始思考、醒悟，但是行动迟缓了好几拍。

几天后的一个中午，女儿闹着不睡觉，我没忍住，又打了她屁股两巴掌，最后她不情不愿地躺在我身边睡下了。愤怒过后我冷静下来，对女儿说："彩旗，妈妈现在平静了，不是犀牛妈妈了，我能问你一个事儿吗？"孩子回答"好"，但是她一直背对着我。

我问她："刚才妈妈打你屁股的时候，你是什么感觉？"女儿沉默了很久，空气都凝滞了，然后她小声说："我也想打人。"

我的心一下子被冻住了，张嘴想说点什么，可话堵在嗓子里，什么也说不出。

两岁的女孩，认真地回答我："我也想打人。"

为什么我们会看到很多青春期的孩子有暴力倾向？在女儿背对我的那个冰冻时刻，我才恍然大悟，喜欢用粗暴的办法解决问题的孩子，他们的童年一定有过被暴力对待的经历。一个两岁的孩子被打之后最直接的反应是也想打人，这是人的本能。如果父母肆意放纵这种本能，那么给孩子带来的影响可能是灾难性的。

就是这个中午，我下定决心要改变自己。我必须暂时忘掉自书上得来的那些方法，回到我的孩子本身。她是一个独立的个体，她有小小的倔强，我不能再继续用之前的暴力方式迫使她服从。如果我不改变，那么她以后很可能会习惯用暴力的方式解决问题，很可能不能成长为一个快乐的人。而我们是多么期望，她能像她的名字一样，彩色的旗帜，在阳光下飞扬。

我决定，要从行动上彻底改变自己的育儿方式。

我想，所有的妈妈在育儿路上都走过荆棘丛林、崎岖小径，我也一样。有的妈妈及时醒悟修正；有的妈妈每每后悔不已，甚至否定自己做妈妈的能力；有的妈妈得不到旁人稍稍碰一下的点醒，在荆棘中疲惫前行……但这些都不可怕，可怕的是完全没有意识到踏进了一条死胡同，还以为自己走在育儿的康庄大道上。

不过，也不要太过担心和焦虑，从现在开始，检视自己的言和行，开始彻底改变吧！

这个小小的人，让我感叹生命的奇妙，也让我有不断矫正自己的勇气

04

宝贝，我们就睡在窗帘里

当意识到自己的问题，并下定决心要做出改变之后，我需要做的第一件事就是，把我坚持相信的那些规矩和教养丢一边去。

我先生对我说："别想那么多，你就把自己当成一个孩子，像孩子一样看待女儿，按女儿的节奏呼吸。"

转变从什么时候发生，是怎么发生的，我其实记不太清楚了，但是我清楚地记得，从那以后我再也没有动手打过孩子。我慢慢尝试着，从心底真真正正地去接纳她的思维、她的世界。在这个过程中，我能感觉到自己获得了重生。

一个皓月当空的晚上，我跟女儿搬上两个小板凳，坐在外面纳凉。夏天快过去了，外面凉风习习，温柔地轻抚在身上，一切都很安宁。

到该睡觉的时候，彩旗突然跟我说："妈妈，你看月光照在窗帘上，好美啊。我们今天睡在窗帘里吧。"

沉浸在美好静谧氛围里的我，脑子里的警报器嘀嘀嘀开始响了：呃，窗帘虽然经常清洗，那也有很多灰啊；睡在地板上，会硌得慌啊，蚂蚁会不会爬到身上？

就在这些话差点儿脱口而出的时候，我突然想起先生说的，要像孩子一样看待孩子，于是我把这些话又生生给吞了回去。

这时候女儿彩旗已经等不及了，腾地起身躺到了地上："妈妈，在这里看月光真美啊。"我看着她的表情，那么宁静美好，她是在真真正正地享受月光之美。那一瞬间我被她的神情打动了，笑着说："好的，我们今天就睡在窗帘里吧。"

"来来来，妈妈，你睡到我旁边来！"女儿着急地招呼我。我来到她身边，也躺到了地上。本来很勉强的我，躺到地上的那一刻不由得感叹：是的，真美啊！夜色深深浅浅地浮在窗外，一轮明月荡漾其中，月光透过窗帘的白纱洒进来，整个世界好像蒙上了一层柔光，我的心一下子就柔软了。

我和彩旗没有说话，都被那晚月光的皎洁和洒在白纱帘上的温柔俘虏了，静静地享受那一段时光。

这个画面一直深深地烙在我的脑海里，我相信多年之后女儿长大了，也一定会记得这个画面。有什么是比这种对美的直观、具象的感受更好的审美教育呢？有什么比这种感受带来的两代人之间的心灵相通、和睦相处更宝贵呢？

谢谢我的女儿，不是她，我就不会用仰望的视角去看世界，也体验不到这样的月光之美。孩子是我们的老师，他们用最纯真的方式开启了我们看待世界和感受人生的另一扇大门。

女儿就这样睡着了。她睡熟之后我轻轻把她抱到床上。第二天早上醒来，她显得特别高兴："妈妈，你看昨天我们睡在窗帘里很美吧，月亮的美和太阳的美是不一样的吧。"

那一天，她整个人都非常愉悦，我可以感受到她从心底里散发出来的开心。而我之前执着的那些规矩、教养也变得根本不是问题，这一天里她吃饭、睡觉有规矩到让我吃惊，完全不需要我提醒。

育儿专家说要尊重孩子，那么，到底怎样才是真正的尊重孩子？我曾经以为自己是个观念很先进的妈妈，自以为给予了孩子足够的尊重，其实我只是尊重了我可以理解和尊重的事，并没有发自内心地完全接纳她、尊重她。

你也和我一样吗？那，试着放下自己大人的身份，从孩子的角度去看看孩子的世界吧，这样你才能找到他每一个行为背后的密码，才能找到他所有情绪背后的原因，才能明白他为什么突然生气，为什么突然高声说话，为什么突然又掉眼泪。

从睡在窗帘里之后，我跟女儿又一起干了特别多之前我觉得很不靠谱的事儿。

比如，女儿说，妈妈，我们一起来做饭吧。然后她把别人送的海盐一股脑儿撒到锅里。做出来的东西当然不好吃，但是她特别得意，特别有成就感。

比如，有一个夏天，女儿非要穿羽绒背心坐公共汽车。我说行，我们走吧。回来之后我问她什么感受。她说，哎呀太热了，下次不穿了。

比如，有一次她去公园玩，非要穿两只不同颜色的鞋子，我也同意了。一路上很多人都在看她，她依然很得意，没觉得有什么不对。

比如，我们一起把她的房间布置成小动物的派对现场，各种大熊小熊摆一床。我一个三十几岁的知识女性，跟她在那儿假装拿个杯子请小动物们喝东西，还干杯呢。

就这样一天又一天，我变了。

我和她的小世界

　　这个变化来得悄无声息，连我自己都没有意识到，直到有一次团队聚餐，我们为刚完成的项目庆功。大家喝了一点儿啤酒，团队里的年轻人都很高兴，一个小伙子突然站起来说："我们敬彩旗一杯酒吧！"

　　我很奇怪："为什么要敬彩旗？"

　　他笑了："丹姐，你不知道，以前只要你的高跟鞋在楼道里响起，大家坐在办公桌前都会心里一紧。不知道今天跟你报告工作时，你会不会用最严厉、最冷酷的声音告诉我们，哪里没有做到位，只做到了百分之八十百分之九十，80分等于0分，要推倒重来。你对我们要求严格，你说得对，我们都接受，但是，大家觉得，你要是既要求严格又态度温柔，那就更好了！"说到这儿，跟着团队一起成长的小伙伴们都笑了，看样子，这真是他们的共同感受！"你看现在，你变了，你变得爱笑了，变得柔软了。跟我们讨论工作时还是很严格，但大家不怕你了。因为你当妈妈了，你有彩旗了！所以，我们要谢谢彩旗啊！"

这时，我才知道，原来有些东西在我不自知的时候慢慢发生了改变。严肃、我的理性并不是我的全部，我的孩子用她的童真和童趣唤醒了我身体里沉睡的部分，融化了我心里的那些坚冰，让我重新活了一次。那晚，我和小伙伴们聊了很多很多，我醉了。

妈妈们，试试看，像我一样，丢掉那些见鬼的规矩，忘记那些所谓的教养，放下自己端着的大人身份，按孩子的节奏呼吸，按孩子喜欢的方式生活一天，生活一周，生活一年吧。你会发现不但孩子会变得更配合、更容易沟通，你的养育难度变得更低，同时，你自己也会变得更有弹性、更柔软，抗压能力更好。

育儿不要变成硬碰硬的刀枪相见，而应该是一场共同成长的修行。

CHAPTER

02

好妈妈养成有办法

01

职场、带娃的平衡要义：时间管理

中国女性的就业率位居世界前列，我们身边绝大多数妈妈都在兼顾职场和家庭，上班要做好员工，下班要做好妈妈。很多女性因此疲惫不堪，生活一地鸡毛。很多妈妈都认为，职场和家庭无法兼顾，要么放弃事业，或者至少允许它暂时退步；要么选择让家里的老人或者保姆阿姨来全权带孩子，牺牲自己陪伴孩子的时间。

但是，职场和家庭完全是可能平衡的。

真的吗？如何做到？

从老大出生到老二出生的这五年里，我每天早上四点醒来就睡不着了，于是就利用这段时间工作，到六点半左右再陪孩子一起吃早饭。这样每天比别人多两个半小时的工作时间，而且我的思维在清晨比较清晰，极大地提高了我的工作效率。当然，前提是晚上要十一点半睡下，不要追剧、刷手机！

所以，平衡职场和家庭的要义不是挤压陪伴孩子的时间，而是最大限度地压迫自己，做好时间管理。

那么，怎样才能科学合理地做好时间管理呢？我有两个方法：

第一个方法就是做计划表。我有一个笔记本专门用于时间管理。凌晨四点起来，首先，对昨天的工作进行复盘，思考一下哪个环节有什么不对，怎么调整效果会更好，并记录下来。其次，列出今天要做的工作。我会先把脑子里跳出来的需要完成的事情一一写下来，再对这些工作的先后顺序做一个调整，先做哪个后做哪个，形成一个当日执行计划表。到台里之后，我把闹钟设置成一个小时响一次，对着计划表一件件去执行到位，完成了就打钩。

第二个方法是持之以恒的高效工作训练。第一年担任《背后的故事》主持人的时候，录制一期人物访谈，初出茅庐的我，为了完成好主持工作，需要提前一个月跟编导讨论分析这个嘉宾，准备采访提纲。一年之后，我意识到，需要提前一个月来做准备，时间太长了，表明我还不够专业，于是我刻意把准备时间缩短为半个月。然后这个时间被一步步压缩，一个星期，两天，一天，半天，到最后我给自己极限施压：两个小时。一般下午两点录访谈节目，我就从上午十点到十二点给自己两个小时，定好闹钟，告诉自己："张丹丹，你必须在两个小时内完成所有的准备工作，拿出一个足够有深度、有温度的访谈！"就是凭着对自己压迫式的刻意练习，到后来，即使突然接到一个采访任务，只有化妆和戴耳机的十分钟时间来了解被采访人的情况，我也能够完成一个高质量的采访。

作为一档人文谈话类节目的主持人，我在主持《背后的故事》的十年里，对自己做这种高强度、高效能的工作训练，目的本来是最大程度地调动自己的潜能，看看自己的极限在哪里，完成对自我的挑战。没有想到，这种尝试和努力最后竟然有了意外之喜，在我当妈妈之后极大地帮助我平衡了工作和带孩子这两件事情，也让我在处理生活事务时能够做到游刃有余。

2016 年，我怀着老二，获得了湖南广电集团分量最重的一个奖——年度最佳团队。我没有因为带孩子舍弃工作，同时，也给了孩子最好的陪伴。

做好时间管理，对孩子来说也是非常必要和有意义的。我的女儿还只有一岁多的时候，我就开始在日常生活中教给她时间的概念，比如晚上 9 点要睡觉，到 8∶45 的时候，我们会提醒她：还有 15 分钟，要睡觉了啊。比如，出门旅行，我会告诉她是几点几分的车，在旅行地要待多少天。我坚持让孩子从小就知道时间的意义，培养她的时间观念，告诉她时间管理的重要性。

2019 年暑假，女儿的任务就是集中力量攻克时间管理。我把自己的工作计划表拿给她看，告诉她妈妈是怎么做的。她疑惑于为什么同一天会有两张计划表。我跟她解释：第一张表是脑子里想到就马上记录下来的，没有进行判断；第二张表是经过理智思考后排序过的，因为人上午的精力最集中，做最困难的事情效率最高，所以把困难的事情调到前面来，这样才最科学。现在，她每天起来就会列两张计划表，完成一项任务就打钩。

我告诉女儿要从小学会做时间的主人。只有具备独立管理时间的能力，她才有可能在日后面对复杂的生活和工作时临危不乱，有条不紊。

在职场和家庭双重压力之下身体和精神都高度紧绷的妈妈们，也不妨试一试。你会发现，其实，时间是够的。

02

从完整的生命长度看待自己

虽然我认为工作和家庭可以兼顾，但也必须承认一个事实，那就是妈妈们在休完产假重回职场后一般不太可能马上回到工作的巅峰状态。有些妈妈会觉得失落、遗憾，甚至陷入对自我的怀疑。如何纾解这种情绪？这当中其实蕴含着一个大写的人的命题：我们如何全面看待自己，究竟选择用一个什么样的生命长度来看待自己？

随着年龄的增长，每一个女性的人生维度会越来越多，是父母的女儿，是职场中的员工，是丈夫的妻子，同时也是孩子的母亲。这四个维度共同组成了一个丰富的、立体的人生。

而每增添一个维度，都要投入更多的精力去适应和学习，同时也需要思考哪一个维度是当下的你首先要去构建和完善的，要抓重点。

当你是父母的女儿，健康快乐地成长是第一位的事情；当你步入社会成为职场的一分子，你需要努力工作自我增值；然后你成为别人的妻子，要操持家庭里的大小事务，跟丈夫携手并进；而当你成为孩子的母亲时，你要倾尽心力照顾、呵护这个幼小的生命，让他能健康快乐地成长。

怀上老大时，我已经 35 岁，已经在湖南卫视这个随着电视行业蒸蒸日上的机构服务了 13 年。这十几年的时光里，我除了工作别无其他。我学习着，付出着，收获着，我很肯定，这些年的每一天都没有被浪费，所以我成就了最好的自己：站在《晚间新闻》和《背后的故事》这两档节目的肩膀上被全国观众认可，被评为金话筒奖主持人。我的职业生涯爬到了一座山的顶峰。

但，这只是我生命历程中的一个时间段。我还有后面漫长的人生路，路上还要爬山过河。主持人，只是我职业生涯中的一个身份，未来，我还有很多可能。

从怀老大的那一刻开始我就告诉自己：从现在一直到她上小学三年级，这个孩子就是我生命中最重要的事情。因为从教育学的逻辑来讲，一个孩子基本定型要到 10 岁左右，其中 0~3 岁又尤为重要。到 3 岁时孩子的健康、认知等才能达到一个比较稳定的状态。所以在孩子 0~3 岁这个阶段我要全心全意地照顾她、陪伴她，在心无旁骛地全力工作 13 年后，我的人生要在工作之外为当好妈妈留出足够的时间和空间。

如果因为某些不可抗力，让我在职场从之前达到的位置上掉下来，我也能坦然地接受。因为我知道，这个阶段我优先要构建和丰富的，是我作为一个妈妈的人生维度。这并不是虚伪的自我宽慰，而是一个理性、客观的态度，毕竟人的时间和精力是总量不变的。

所以，每一位职场女性对自己的判断——事业成功与否，不应该仅仅用生孩子前后这么短的时间段来界定，而应该放在人生这一辈子的长度里来客观看待。

我们以一个生命的时间长度来看待问题，就能心静，就会不焦虑、不较劲，就能从容享受生命每一个时间段、每一个维度的美。

虽然有了孩子让我原来的工作节奏慢了下来，但是在陪伴孩子的过程中，我自身也收获了成长。这份成长让我无意中开启了另一份事业。

生完老二之后，我于 2019 年 4 月在短视频平台抖音和快手上开通"张丹丹的育儿经"，短短三个月有了近 200 万粉丝。难道这只靠我带孩子这几年积累的经验吗？看上去好像是，因为我说的就是带孩子的事儿。但育儿的事很多人都在说，为什么我的声音传得这么远？

有很多人说，那是因为你是知名主持人。但分析我抖音和快手粉丝的地域构成，排在前四位的是北京、广东、江苏、山东，而不是湖南。如果真的仅仅因为我是主持人，为什么不是湖南的粉丝最多？他们对我最熟悉，我在湖南最有知名度。

我的抖音号和快手号收到很多这样的留言："你是不是那个张丹丹？""哎呀，我小时候看过你播的新闻，现在我孩子跟你的一样大。"这些粉丝首先并不是因为我的主持人身份而关注我，而是认同我是一个讲带孩子的事儿讲得挺有道理的妈妈，讲的方法真的管用，都能说到她们心坎上。然后，她们才反应过来：这个人原来是湖南卫视的主持人张丹丹啊。就像剥笋子一样，她们剥到后面，才是我的过往。

没有任何过往会被浪费。

我不是靠主持人这个身份来吸引妈妈们的关注和支持的，而是凭借这么多年从事主持工作搭建起来的知识体系，锻炼出来的能力和阅历，再加上带孩子的亲力亲为才赢得妈妈们的信任。

带孩子并不是件简单的事，它是个系统工程，涉及很多学科领域，你需要有足够丰富的知识架构和强大的学习能力、纠错能力。为什么有的人跟孩子讲某个道理是这么讲，另一个人又是一套完全不同的说法？为什么有些人讲得比较高明，孩子们很容易就听懂了，而有的人讲了半天孩子还不愿听？为什么有些妈妈教育孩子总是方法不对，而有些妈妈就总能找到适合自己孩子的更多更好的方法？

这背后的答案，是一个女性在成为妈妈的前前后后的所有人生过往的集结，而不是简单生物意义上的妈妈的本能。

妈妈们一定要相信：从来没有哪一步路是白走的，也没有哪一天的努力会被辜负和浪费。只有具备了这个认知，职场女性，在面对工作和带孩子的问题时，才会相信孩子其实在丰盈着我们的人生，才不会埋怨是孩子耽误了自己的大好前程，才不会纠结，不会惶恐，不会觉得委屈。

03

不做孤独的愤怒者，构建自己的支持系统

对职场妈妈来说，即使再怎么压迫自己做到高效，一天也只有 24 个小时。妈妈们除了工作，要处理的不只是自己这个小家庭的大小事务，还要孝顺父母、公婆，维护两个家族里亲朋好友的情感联系，即使长出三头六臂，也没有办法一个人应对所有的事情。所以，我们需要用解决工作的方法来解决生活的问题，构建一个属于自己的支持系统。

而且在育儿的路上，无论你准备得多么充分，内心多么强大，学养多么丰厚，总会遇到各种各样新的问题，有些是浅滩，靠自己可以安稳渡过；有些是高山，自己一个人可能翻不过去。那么，在自己时间不够、精力不够、方法不够的时候，启动你的支持系统，让自己缓一缓，放松一下，不要一直高强度、超负荷地运转，否则你只会成为一个孤独的愤怒者。

1. 停止对孩子爸爸不切实际的幻想

首先，要明确孩子爸爸在整个支持系统中的定位。这两年"丧偶式育儿"是一个特别热门的话题，说的是家庭教育中爸爸这个身份的显著缺席。

很多妈妈提起这个话题是牢骚满腹，吐槽一箩筐。但我更愿意用一个相对客观的词语来描述这种现象，就是"原始人爸爸"。

为什么叫原始人爸爸？在原始社会，男女开始有了分工：男性要去采集，狩猎，获取食物等基本的生活资料；女性负责煮熟食物，繁衍下一代，照顾刚出生的婴儿。因为分工的不同，爸爸这个角色天然地就在育儿这个环节承担着更少的责任。虽然几千年过去了，人类社会依然基本沿用这种分工模式。如果这种分工没有发生颠覆性的改变，我建议妈妈们对爸爸这个角色进行更符合实际情况的定位，不要指望他们能够像妈妈一样全身心地投入，事无巨细地照顾孩子。我们要尊重"原始人爸爸"的合理性，要对爸爸在婚姻和家庭里的位置、作用有一个深刻的了解和认知。这是让自己心情愉快，也是在有了孩子之后减少家庭摩擦很重要的一点。

其次，妈妈们必须承认，在孩子 1 岁之前，爸爸能够发挥的作用的确非常有限。1 岁之前的孩子最需要的不是爸爸，爸爸没有奶喂，也没有天然的母性。孩子也还不会喊爸爸，孩子和爸爸之间没有太多互动，爸爸的参与感是相对比较低的。妈妈们一定要做好心理建设，理解并且接受这个事实，在这个阶段不要过分地逼迫爸爸。如果在这个阶段总是指责、抱怨爸爸，实际上也打击了他参与育儿的积极性和自信心。而在这个阶段不求全责备，给爸爸一个缓冲期，其实是为之后爸爸参与到育儿中来留出时间和空间。

那么，这个阶段爸爸们可以干什么呢？妈妈们需要跟他讨论：你能干什么，愿意干什么。然后就大大方方使用他，安排他，让他把这件事做好就行了。

很多妈妈的抱怨其实是被一种情绪支配着：凭什么我这么累，你却舒舒服服做甩手掌柜，那不能便宜你。明明有很多替代方案，却非得让爸爸亲自上场心理才能平衡。这种完全情绪化的东西，变成了一种较劲，处理不好就会演变成严重的夫妻矛盾。

我先生算是一个非常成熟非常有责任感的爸爸，但在孩子 1 岁之前他基本也做不了什么。我能够理解他，你忙你的，没关系。至于带孩子，他愿意抱就抱一抱，愿意逗就逗一逗，不会换尿布不会泡奶粉，没关系，我来弄。

但是孩子 1 岁之后就不一样了，孩子会喊爸爸了，这是给爸爸的一个信号，告诉他：你有另一个身份了，你需要跟孩子有互动了。爸爸从这个阶段开始，参与度就会越来越高。孩子再大一点儿，爸爸可以陪着孩子一起玩，一起看书。尤其是 3~4 岁，孩子开始建立价值观的时候，爸爸一定要参与进来。

再次，妈妈们要学会看全景，别只盯着爸爸们的缺点。除了少数极其没有责任感的恶劣到足以上社会新闻的爸爸，或者那些特别不成熟的妈宝男，大多数的爸爸对家庭还是负责任的，也是爱家庭、爱孩子的。妈妈们要多看他们的优点，少看缺点，甚至假装看不见缺点。

我做电视节目，经常需要拍特写镜头，在这样的镜头下，人们脸上的瑕疵纤毫毕现，不是特别美观。但摄像机不是美图秀秀，不能自带滤镜，也没办法即时修图，怎么办？我们把镜头拉到中景再拉到全景，把人放到一个大环境里，就能完全忽略掉他脸上的瑕疵。

同样的道理，你看待你的先生、孩子的爸爸时，眼光到底聚焦在哪里？是看大格局还是看小问题？是看你休产假这几个月他的表现，还是看你们要相处的一辈子？

　　妈妈们多去看爸爸们的优点，就会多给他们肯定和鼓励，爸爸们也会慢慢地自我觉醒，更多地参与到育儿中来。要清醒地知道，你的催促、你的嫌弃、你的夺命连环电话，只会让他丧失一个男性的尊严，觉得你像一匹母狼一样一点一点吞噬他，当家庭对他来说不再是一个有温情的地方，他就会逃离。

　　更糟糕的是，在这样的家庭氛围里，不可能养育出一个心理健康的孩子。家庭的和睦永远是育儿最重要的基础。一个紧张的、不安的、完全不知道接下来会爆发怎样的战争的环境，会给孩子的成长带来各种问题，再多的育儿技巧也没法弥补。

　　这一点我的婆婆给我做了很好的示范。我婆婆和我公公完全没有共同爱好，我一直好奇他们这几十年是怎么一起生活的，共同语言在哪里？后来我发现，婆婆的办法就是建立自己丰富的交际圈。她有从小学到初中到大学的朋友聚会要参加，把自己的生活安排得满满当当。她逛街从来不要求公公陪着，因为她知道公公不喜欢。如果他们俩有不同的意见，婆婆会悄悄地跟公公说，从不当面指责公公。

　　公公婆婆的相处方式给了我很大启发。虽然夫妻走到一起是因为生活的、婚姻的价值观相同，但毕竟两个人来自不同的家庭，有不同的成长环境，有不同的脾气秉性，唯有互相理解和尊重，才能共同经营好一个家庭。

　　最后，我想说，所有婚姻、家庭中的问题，男女需要各负一半责任。妈妈们不要觉得没有人理解你，把锅一股脑丢给爸爸们，这只会造成更大甚至难以弥合的问题。这些年，我身边有好几个同事夫妻二人世界的时候感情特别好，但是在孩子1岁左右时离婚了，为什么？大多数时候，年轻的妈妈抱怨不断，对先生充满怨恨，觉得先生完全不理解自己，不照顾家庭。日复一日的抱怨不断积累，引发夫妻之间的战争，最后黯然分离。

我当年苦口婆心劝他们不要离婚，但那些妈妈陷入极端思维的惯性实在太大，最后还是离婚了。我也很疑惑：是不是我错了？因为我自己太冷静、太理性，从而失去了对女性本体特征的把握？

三四年之后，有一个离婚了的妈妈来找我，说："丹姐，今天 × × 来找我，问我离婚的感受。她也准备离婚，我劝她不要，跟她说了一些话。"她复述了一遍，我一愣："这不是我当时劝你的话吗？"她感叹道："我当时太小，不懂，现在明白了，所以今天要特别来请你吃个饭。"

我才恍然，错的可能不是我，是时候未到，有些经验阅历、人生感悟需要到时间才能明白的。有些歌少年时听心潮澎湃，中年时听已经平静无波；有些诗少年时看懵懵懂懂，中年时看则热泪盈眶。你的世界里每个阶段发生的事、碰到的人不一样，对每一个生命阶段的体验和感悟也不一样。

那位年轻妈妈最后说了一句特别朴素的话：世上没有后悔药。

我听了非常难过。

所以，我特别想告诉所有的妈妈，如果真的走到决裂那一步，你的愤怒、你的悲伤、你的后悔，伤害的都不是对方，而是你自己。你可能被一根仇恨的鞭子束缚而无法脱身，你的人生可能因此缺失一部分幸福。

妈妈们，不要因为择偶的草率给自己的人生带来无可挽回的痛苦，一定要在选择的时候擦亮眼睛，想清楚这个人到底适不适合自己。而一旦你选择了他，就要相信你的选择是对的，相信你们的家庭、你们的婚姻能够好好地走下去。并且在最容易引发夫妻矛盾的育儿阶段，在最开始的时候，就果断抛弃对老公的不切实际的幻想。

2. 祖辈带娃，八十分制胜原则

支持系统中另一个重要的组成部分就是家中的祖辈。现在大多数职场妈妈都需要祖辈来帮忙带孩子，和他们相处的时候，要坚持一个原则——八十分制胜，即八十分就是满分，就是非常合格的看护者。妈妈们不要吹毛求疵，也不要奢求老人能够跟你观念完全一致。

第一，如果家庭需要老人来帮忙带孩子，爸爸妈妈一起讨论决定。爸爸妈妈要一起理性地评估，家里哪位老人性格最温和、最乐观、最听得进年轻人的意见。一旦选定了主要看护的老人，需要事先就看护孩子的问题跟老人进行愉快的沟通，明确一些原则性的问题，就一些育儿观念达成基本的共识。这样能够在一定程度上避免出现问题再去解决，也避免了很多矛盾。

有些妈妈，跟自己的母亲都闹得不可开交，跟婆婆更是水火不容。两代人由于育儿观念不同，难免会发生冲突。那么，怎么解决呢？我是这么做的——把看过的有价值的育儿文章都打印出来，然后跟婆婆说："我看到几篇关于带孩子的文章，觉得还挺有意思的，您空闲的时候也看看？"时间长了，婆婆很自然就会认同我的一些育儿观念了。用这种相对温和的方式潜移默化地影响你的父母或者公婆，比在面对具体问题时直接把一个结论扔到他们面前有用得多。

第二，不要轻易否定老人的经验，遇事先好好和老人商量，认真听听他们的想法。要知道，不是所有现代理念都是科学的，也不是所有老经验都完全不行，要辩证地去看。老辈人有很多经验是有道理的，比如晚上不要吃太多，否则孩子比较闹，会睡不好；比如吃饭、睡觉的时候不要责骂孩子，天大的事吃完饭再说；再比如我们家爷爷一次给孩子买六根冰棍，就是想让孩子有个好情绪，这样可以更好地干其他事。

现在有很多"百度妈妈"，有什么问题就"百度"一下。首先，你"百度"得来的这个结论不一定适用于所有场景；其次，"百度"上的很多信息来源不明，本身就不一定是正确的。而你还以为自己掌握了真理，长辈说的全不对，全是落伍的东西，凡事都要听你的。

这种心态是特别需要警醒的，你需要保持开放的学习态度。首先听老人们说，听听他们为什么这么做，然后花点时间来讨论，最后再去判断对不对。如果讨论之后还是说服不了老人，可以换由爸爸去做工作。

如果你一上来就是：孩子是我的，必须都听我的，老人的那套都过时了。这种方式老人肯定接受不了，他们辛辛苦苦带大了你或者你的先生，现在又来照顾你的孩子，凭什么被呼来喝去？这会导致对立情绪开始蔓延，最后双方一拍两散，家里鸡飞狗跳，而最终你并没有获益。

第三，在带孩子的时候，如果老人总是跟你反着来，怎么办？首先，不要当众说老人不对，一定要时刻记得老人有自尊。要提醒自己他们倾心倾力为我们带孩子，要心存感激，要尊重他们。其次，如果孩子大一点，懂事了，可以悄悄把孩子叫到一边告诉他，刚才那件事妈妈的意见是这样的，奶奶的意见是那样的，奶奶那个时候的方法不够多，所以她希望你那么做，奶奶并没有错，但是妈妈的方法可能会更好。

你对老人的尊重，实际上也给孩子树立了很好的榜样。有的孩子对老人讲话非常跋扈，这个问题一定出在父母身上，可能父母自己就不够尊敬老人，孩子耳濡目染也有样学样。父母如果一开始没有重视这个问题，等孩子上学以后才教育他要敬老尊贤，显然非常可笑，效果甚微。要知道，孩子的价值观是通过生活里的点滴建立起来的，不是靠学校、幼儿园的短期训练，一蹴而就的。

3. 用同理心尊重阿姨

支持系统里还有一个部分就是家里的阿姨，很多朋友问我：为什么你们家的阿姨做了那么久，我们家的就走马灯似的换？总结下来，我有三个办法，帮你请到一位合适的阿姨，而且让阿姨能够安心工作，甚至共同成长。

第一，明确核心选择标准。有的妈妈可能认为，只要阿姨勤快点，人品好，能帮忙看着小孩就行。这些固然重要，但是我还建议尽量去选偏年轻、有学习能力的、好沟通的阿姨，特别是有学习能力这一点很重要。

我女儿出生之后，要找一个带她的阿姨。开始我们找了一个50多岁的阿姨，她工作很多年，带孩子已经形成了固定的方法和套路，你不按她的来，她还挺不高兴。我清楚地知道，这不是我要的。于是，我决定找一个年轻一点、有文化的阿姨。面试了很多人之后，找到一个有中专文化、能说标准普通话的阿姨。我知道这个阿姨进入我们的家庭，以后跟她的沟通成本会比较低。

所以，在选阿姨的时候一定不要将就，千万别觉得差不多就行了。在涉及育儿原则、观念的问题上，一定要确保阿姨是可以沟通的，这是避免经常换阿姨的一个重要前提。

第二，为阿姨创造条件学习充电。现在大多数的阿姨可能有很丰富的生活经验，做事麻利，但是她们往往缺乏一些科学的育儿理念，会和你有一些观念上的冲突。怎么办？你希望她接受你的育儿观念，你就得让她学习，教她，而不是用一个雇主的身份命令她。

阿姨到我们家之后，我观察了阿姨几天，对她带孩子的方式有一个基本的判断，然后我会每天花半个小时跟她聊天，把一些观念掰开了揉碎了跟她讲："今天你用的这个方法没有问题，但是我觉得还有一个更好的……"你跟阿姨的沟通一定要平等，既要表达你的观点、你的诉求，也要尊重她。

后来女儿上了幼儿园，白天阿姨也没太多事，就天天看电视剧。

有一天我很正式地跟她说："你如此年轻却天天看电视剧，作为你的雇主，我对此没有意见；但是作为一个比你长几岁的女性，我想对你说，你这么年轻就没有学习能力，就放弃你的人生是不应该的。"后来我花钱让她去上一个育儿培训班，让她充电。

这个阿姨帮忙把女儿从 8 个月一直带到 5 岁，后来因为家庭的原因离开长沙去了北京。她现在能拿到的薪水是在我家时的三倍。为什么？她在我家工作的这段时间，除了我手把手地教她一些科学的育儿理念之外，育儿培训班里的专业课程也提升了她的从业技能。当然，这一切也离不开阿姨自己的努力，她没有沉迷于看电视剧中，而是做出了改变，成为更好的自己。

第三，平等对待、尊重阿姨。阿姨离开自己的家庭、自己的孩子来到一个陌生的家庭，和一群陌生的人生活，这并不容易。所以，我们既然选择了这位阿姨，就应该把她当作家里的一分子，平等对待她，发自内心地尊重她。

在阿姨来家里前，我和家人就这一点达成了高度一致。这么多年，我们从没有跟阿姨说过一句重话。有一次，我们家做饭的阿姨吴姐把我先生特别喜欢的一件羊毛西装放洗衣机给洗坏了。我先生是脾气特别温和的人，看到他那件变形了的西装的时候，沉默了一会儿，悄悄地跟我说："这个牌子，还可以帮我买一件吧？"我们清楚阿姨不是故意的，她心里也特别愧疚，忙不迭跟我们道歉。我们说没事没事，但是会告诉她，羊毛的衣服下次不能这么洗。

钱和人到底哪个重要？一件羊毛西装大几千块钱，洗坏了毕竟可以再买。而伤了阿姨的自尊，用钱也买不回来了。

女儿上幼儿园中班的时候，有一天，不知道因为一件什么事情，跟阿姨讲话非常不客气。我和先生看见了，互相交换了一个眼神，然后把女儿请到房间，郑重地对她说："彩旗，今天我们要开个家庭会议，这是你人生第一次家庭会议，说一说今天你对小杨阿姨的态度。你去过爸爸妈妈工作的单位，我们在楼道里跟别人打招呼的时候是礼貌的，别人也会微笑着跟我们打招呼。小杨阿姨在我们家工作，和爸爸妈妈在电视台工作是一样的，如果你觉得阿姨的工作比爸爸妈妈的工作低，就用这样没有礼貌的语气跟她说话，这是非常错误的观念和行为。如果你希望爸爸妈妈在工作单位被人尊重，那你就要学会尊重小杨阿姨。"

我们把孩子人生的第一个家庭会议用来讨论她对阿姨的态度，用我们的价值观去影响她。如果父母没有起码的敬畏之心，没有对人的基本尊重，那么他们的孩子也学不会尊重别人。

好的家庭教育是什么？就是父母的一言一行，父母的观念，父母的意识，投射在生活中，投射在孩子眼中。

04

不做焦虑的完美主义者

我的抖音号"张丹丹的育儿经"上有妈妈曾给我留言，说早上开车送孩子上学时撞到路基，出了交通事故。一问原因，就是特别累，晚上没睡好，早上又要很早起来给孩子做早餐，送孩子上学。长年累月下来，实在是撑不住了。

的确，中国的妈妈们是压力非常巨大的一个群体，社会评价体系对她们有非常高的要求，同时又没有给予这个群体足够的关爱和疏导。

我特别心疼留言的这位妈妈，想要告诉妈妈们一定要建立这样的认知：最重要的人是你，一定要优先把自己照顾好。具体有三个建议：

第一，要吃有营养的食物，保证自己的身体是健康的；保证基本的休息时间，这样才能有充沛的精力去应对职场和家庭。第二，一定要分清轻重缓急。有些不需要投入那么多精力的可有可无的事，先放一放，不要平均用力，要省着力气解决重点问题。第三，如果你已经相当疲惫，情绪和精力都不足以支撑你继续妈妈的职能，就需要给自己放放假，把孩子托付给

妈妈的情绪稳定是一个家庭的幸福

可以信赖的支持系统的人。不要担心离开一两天孩子会有问题，也不要因为一两天没有陪孩子而自责，做妈妈要学会不做焦虑、焦躁的完美主义者。

如果累了，妈妈们就好好睡一觉，能量恢复了，就会发现，很多本来头疼的问题都不是问题了；如果心情不好，就去看一场电影，逛逛街买一件漂亮衣服，给闺蜜打个电话，哪怕给自己一段时间放空，发发呆也可以。

只有妈妈的状态对了，孩子的状态才会对。假如你勉为其难去应付孩子，到最后一定是又吼又骂，大喊大叫。家庭氛围也会变得很紧张，孩子面对你手足无措、无所适从，老公面对你噤若寒蝉、如履薄冰，最后造成以你为中心的整个育儿体系的坍塌。

其实，我自己也经历过这种状态，有段时间因为频繁出差，疲惫到听到一点儿声音都要暴走，在面对孩子时明显很不耐烦，对彩旗说话特别大声。结果，有一次，我听到彩旗跟弟弟说话的语气、音调，天哪，这不就是我跟她说话的腔调吗？这一下子把我敲醒了，我知道，自己要及时刹车，进行调整了。

我特别感谢我的先生，他给了我很大的支持。每次当他看到我状态不太对，就会对我说："你去宾馆开间房，好好去休息一天，孩子我们来管。"

当然，妈妈们也不用因为一次两次的情绪崩溃而过度纠结。有些妈妈在吼了孩子之后就懊丧地认为自己不是一个好妈妈了，陷入过分自责的情绪中不能自拔。你懂的，谁还没吼过孩子呢？

总而言之，不要执着于完美妈妈的形象，那本身就是一个伪命题。妈妈们只有保持一个全面的、健康的认知，才会把自己照顾好，才有可能让自己处于放松的状态，从而把育儿这件事变得轻松，变得顺利。

05

妈妈怎么才能不吼不叫

我小时候有一个特别好的玩伴，有一年我回老家，吃惊地发现他变得颓唐又苍老，一问才知道他家里出了大事，太太刚生完孩子才 4 天，就从医院的楼上跳下去了。他一直被这件事困住无法走出来，跟医院来回拉扯打官司，人生都搭进去了，整个人都是灰色调的。

我非常理解他，这件事搁在任何人身上都是毁灭性的打击。但在这个悲剧里，我们更应该注意到的是，这个妈妈的抑郁情绪并不是个例，妈妈们需要更全方位的、更及时的心理帮助。女性从妊娠到生产，体内激素水平变化就像"过山车"，妊娠期雌激素水平达正常的 3 倍以上，黄体酮和甲状腺素也有不同程度的升高，这些激素在生完宝宝之后会迅速降低甚至消失。而孕酮和雌激素水平的剧烈波动，会导致机体功能下降。再加上妈妈这个身份带来的巨大心理改变、照顾新生宝宝的疲累等多种因素，刚生完宝宝的妈妈容易陷入产后抑郁，有时候就会无理由地为一件很小的事而做出极端行为。

妈妈的压抑情绪是需要家庭给予支持的，家庭支持由谁来发起呢？就是妈妈自己。你理解了自己的情绪，告知自己的家人，他们才会正视。怎么理解自己没来由的暴躁和烦躁呢？真的是孩子的行为导致的焦头烂额吗？你去翻育儿书，专家说要温柔育儿，基于"气质研究和正念理论"，专家提出管理妈妈的情绪有几种法则，管教孩子又有几种法则，可是当你指望用这些看似高深的理论去完美治理自己平凡的小家时，结果多半是书上一套，家里一套。

不迷信专家，要相信自己，你的基因没有问题，也不缺正念，你不过是在这一刻被卡住了。被什么卡住了？昨天跟老公吵了一架，情绪卡住了。婆婆今天无意中说了你一句，恰好戳中泪点，情绪一上来，卡住了。房贷车贷不轻松，经济压力带来长期的生活压力，也会让人卡住。我 1998 年参加工作，赶上最后一批福利分房，分到的是一套墙壁开裂的宿舍。可即使是福利房，我和先生当时也要分期付款才买得起，这些经济上的压力也在很长一段时间内困扰过我。这两年由于新冠疫情的影响，有些行业受到剧烈的冲击，如果你或你先生身处其中，可能会影响你们当下的生活品质和对未来的规划。这种困顿跟过去吃不饱饭、没衣服穿不是一回事，但同样是非常现实的压力。

被多方面的情绪挤压着，妈妈已经很烦躁了，这时候孩子的一句话、一个动作完全可以把她点着。饭菜都做好端上桌了，你怎么还不洗手？昨天才收拾好，怎么今天又一地玩具？火一下子就上来了。所以看上去是孩子的问题，实际上百分之七八十的问题都来自老公、老人或经济问题，孩子不过是最后那根导火索。

心理学上有一个踢猫效应，说的是一位父亲在公司受到了老板的批评，回到家就把在沙发上跳来跳去的孩子臭骂了一顿。孩子心里不高兴，只能狠狠去端身边打滚的猫。猫吃疼逃到街上，正好一辆卡车开过来，司机赶紧避让，撞伤了路边的行人。这是一个典型的负面情绪传导的链条，我们总是倾向于向弱者发泄自己的情绪，在家庭中，父母很多时候无意识地让孩子承担了这个弱者的角色。

那妈妈们究竟要怎么从自己这里把这个传递链条切断呢?

首先是要面对和感受自己的情绪。

我们说要管理自己的情绪，不是要与之对抗，而是需要首先正视并且接纳自己的各种负面情绪。妈妈们要知道，情绪本身并没有好坏之分，这些负面情绪也并不是你的敌人，它只是在提醒你，你的认知系统、你的思维习惯、你对于外部事件所做的自动反应导致了你的愤怒、你的焦虑、你的不安和你的悲伤。直面这些情绪，你才能摆脱被情绪驱使的状态，拿回对情绪的掌控权。再进一步，妈妈们如果能去感受、体会这些情绪，也就意味着你跟这些负面情绪分离了，而不是跟情绪融为一体，把情绪变成了你自己。

第二，动用理智，梳理、分析你的负面情绪从哪里来。

美国著名家庭治疗专家萨提亚有一个"冰山理论"，指人的"自我"就像一座冰山一样，我们能看到的只是表面很少的一部分——行为，而更大的一部分藏在海平面以下，不为人所见，包括：方式、感受、观点、期待、渴望、自我。也就是说，我们看到的一个人的行为，背后可能潜藏着一个巨大的逻辑因果链条，有非常深层次的自己都可能没有意识到的心理动因。

我当过全国三八红旗手、妇女代表，去市、县、乡都做过调查，发现三分之二以上的脾气暴躁的妈妈，不是因为生来脾气不好，她们原生家庭的问题、婚姻里的问题很多。这些问题叠加在一起，让妈妈们不堪重负，变得暴躁易怒。但是妈妈们需要具备这个分析和识别的能力，在情绪上来的时候，能给自己按一下暂停键，想一想：我这股子火的缘由到底是什么，是因为老公或者婆婆的一句话，对我所付出的价值不认可，导致我对自己认知的贬低，还是因为原生家庭带来的深刻烙印把我拉回到曾经的噩梦里。妈妈们只有厘清了这些情绪的根源，才不会被眼前孩子的某一个举动激怒，把所有情绪的伤害都施加在孩子身上。

第三，需要把这些情绪的问题分类装筐，分别处理。

我打个简单的比方，饭碗里装饭，菜碗里装菜。老公的问题，跟婆婆关系的问题，还有经济的、事业的压力，这些都是大人的事情，咱们就装到大的菜碗里；孩子拖拖拉拉、哼哼唧唧，总犯错误，这些是孩子的事情，就装到小的饭碗里。引起你吼孩子的真正原因是菜碗里的咸淡问题，而不是孩子那碗白饭，别把问题混为一谈。我们要对孩子公平一点，也对自己公平一点。大人的问题，我们需要升级的是自己的认知系统和理性思考的能力，即便短时间内无法解决这些现实的问题，也不能让这些问题带来的情绪掌控我们的生活，影响我们的决策系统。孩子的问题，那么需要就具体的问题一一找出对应的解决方法，我在这本《妈妈总是有办法》里提供了很多面对具体问题的实操解决方案，而不是单纯地宣泄情绪。

回头再看看孩子，吼叫声中长大的孩子成年后会有两个性格缺陷，一是容易自卑、不自信，觉得自己很笨，不认为自己能成事，也不争取成事；二是会有样学样，认为吼叫是解决问题的唯一方法。这样的孩子，成年之后在工作和婚姻中都可能遭遇挫折，面对好的工作机会和心爱的人时可能不敢去争取，也不敢表白，他们会认为自己不配、不值得拥有美好。

我也吼过甚至打过孩子。但可能跟我做新闻和谈话节目有关，同事们常说我是雌雄同体，这让我能够跳出来，从男性（爸爸）的角度看一些问题，及时调整自己，避免吼叫成为育儿中的常态，因为那对孩子、对自己都是一种伤害。

中国人对家庭负有很深的责任感，尤其是女性，对于我是谁的女儿、我是谁的妈妈、未来我是谁的奶奶或外婆，这种身份认定很牢固。家族是有代际的，但家庭是没有代际和时间的，你今天动不动吼孩子一顿，将来你的孩子继续吼你的孙子，你们家这样下去没完没了。这就是心理学上所说的"原生家庭"的负面影响。湖南人有一句老话："好女撑三代"。如果你的童年并不幸福安定，那么你是否希望给你的孩子、你的孙子一个幸福安定的童年呢？

如何做到人丁兴旺，个个有出息，代代有人才呢？你综合考虑了这些因素后就会明白，你控制不了脾气、偷个懒也行，没有人有资格指责你，但是带来的后果不光跟你有关，还涉及你关心的孩子，请慎重考虑这个跟你的孩子直接相关的后果。

我相信很多妈妈是理智的妈妈，在工作岗位上可能深得同事、领导的信任；全职妈妈能把家里打理得井井有条，这就证明你的能力和理智都是足够的。从今天开始，面对你最爱的宝贝时，请把你的理智找回来。

习惯养成有办法

01

三四岁孩子还要追着喂饭怎么办

让我没有想到的是，4岁孩子还要大人追着喂饭的视频，在我的抖音、快手号"张丹丹的育儿经"上播放了近3000万次，收到了近两万条妈妈的留言，表示自己家里孩子也是如此。这个数字真是相当惊人。

由此可见，在家里，孩子不自己吃饭，大人们追着喂饭的情况非常普遍。

为什么如此多的孩子要大人追着喂饭呢？看妈妈们的评论和留言，总结下来，无外乎这两种：一是家里老人对不吃饭看得很重，孩子不吃，怕孩子饿着，就追着喂；二是有一部分家长认为，以后大了自然就会自己吃，现在喂一喂没关系。

美国著名儿科医生、心理学家本杰明·斯巴克先生有一个非常有趣的观点，他认为孩子不喜欢吃饭的主要原因是喜欢催逼孩子吃饭的父母太多，家长太在意孩子吃饭这件事，在这个问题上太过于强求了。孩子正常的食欲被当下物质和时间都比较充裕的大人好心地破坏了。不是现在出生的孩子天性变了，而是父母都有精力来做反天性的事了。孩子自己才最清楚自已想吃什么，该吃多少，家长如果经常干涉孩子，只能把事情变糟。

具体来说，追着孩子喂饭，有以下这些弊端，需要父母引起足够的重视。

第一，破坏孩子对饱饿的本能判断。饿了要吃饭，这是人的一种本能。但很多时候追着孩子喂饭的大人是在用自己的感觉代替孩子的感觉，"我觉得孩子没有吃饱""我觉得孩子还要再来一点"，时间一长，孩子的本能判断就被破坏了。

第二，喂饭不分场合、地点，无法让孩子养成良好的饮食习惯。孩子在玩玩具，来一口；孩子在跟小朋友说话呢，来一口；孩子奔跑的过程当中，刚停一会儿，也来一口……孩子吃到嘴里的东西是什么，都来不及想，也根本体会不到食物的美味，更谈不上从小养成健康的饮食习惯了。

第三，让孩子觉得自己的事情不需要自己做，大人会帮忙做。很多妈妈跟我留言抱怨，孩子特别懒，玩具玩了之后不收拾，自己不穿衣服，上学不知道自己收拾书包，等等。这是怎么形成的呢？其实，就是大人没有让孩子清楚地知道并且锻炼他自己的事情要自己做。喂饭看似是小事，但其实是在破坏孩子对自己的责任意识。

我们家老大和老二都是1岁多一点就开始学着自己吃饭，从来没有让大人追着喂过饭。孩子1岁是如何做到自己吃饭的呢？我有两个方法：

首先，帮助孩子建立手和食物的联系。两个孩子在1岁多时，到了吃饭的时候，我就让他们坐在自己的小餐椅上。然后我把煮好的面条捞出来在凉水里过一下，放到一个专门的儿童碗里，搁在餐椅上。1岁多的孩子还不能很好地

这个东西听说叫面条

使用餐具，手就成了最好用的工具。看到面条，孩子一把抓起就往嘴巴里塞，吃得满脸都是。吃了一段时间之后，他们就开始玩面条，试着把面条抓在手上碾碎，还会把面条丢到地上，特别享受丢面条的过程。

开始的时候，孩子们边玩边吃，玩得特别开心，面也吃进去了半碗。但我坚持不干涉，让孩子自己吃饭。我需要做的是，换很多种食物让孩子去抓。比如意大利面条，和中国面条相比，形状更多样；比如米饭，放凉让孩子自己抓，他有时会把一团团的米饭用手指头搓开，感受米饭那一粒粒、黏黏的感觉。

这样，一个星期之后，孩子就对坐在自己的小餐椅上吃饭有意识了，对自己用手可以把食物送到嘴里也很确定了。

这是父母和孩子共同迈出的、让孩子自己吃饭的第一步。

可是，对很多父母和老人来说，看着面条、米饭被孩子玩得满脸、满地都是，会忍不住抢过碗来，开始喂饭，剥夺孩子自己吃饭的机会。

如果你想早点培养孩子自己吃饭，那就一定要做好心理准备，平和面对这随时会让你崩溃的第一个阶段。当然，全家人在让孩子自主进餐这件事上达成共识也非常重要，只要有一个大人忍不住上前喂饭，那很可能就前功尽弃了。

其次，给孩子提供一些好用的进餐工具。我在让孩子抓着吃食物吃了一个多月之后，开始给他们提供一些进餐工具。我给孩子准备了一把弯头的勺子。我发现，孩子最开始学吃饭的时候，能用勺子把食物挖起来，但实际上送不到嘴里。孩子把食物舀起来之后只会直直地往前送，不会像大人一样把手腕扣一下，让勺子转个弯把食物送到嘴巴里来。而这种特别的弯头勺就是专门给孩子练习自主吃饭的一个非常好的工具。

还有一个很重要的进餐工具就是防水围兜。很多大人不想让孩子自己吃饭，其中一个原因就是怕麻烦，因为孩子自己吃饭的时候，满脸满身都是油啊、汤汤水水啊，衣服很难洗干净。老人会觉得，与其让孩子自己吃，弄得一身脏兮兮的，还得我来洗，不如我动手喂几口，吃得快还少麻烦。所以，一个防水围兜，就成了孩子学会自己吃饭过程中非常必要的工具了。

在用手抓着吃食物一个多月，再使用弯头勺一个多月之后，我把食物端到孩子面前，偶尔帮他把碗摆正一下，孩子会把我的手拍开，说："妈妈不帮忙，妈妈不扶！"当他说出这句话的时候，我心里特别高兴，因为通过这样一些方法，孩子对自己把食物送到嘴里，对自己吃饭这件事已经非常有信心，非常有成就感，非常确定了。这个时候，你想喂他饭他都不高兴。

　　需要特别提示的是，一定要跟家人约定好，在进餐前的一个小时之内，不让孩子吃零食，否则，孩子没了食欲，就不想自己吃饭了。

丹丹贴士

★ 帮助孩子建立手和食物的联系。

★ 给孩子提供合适的用餐工具。

★ 吃饭前，杜绝零食。

02

孩子爱顶嘴怎么办

　　著名的发展心理学家和精神分析学家埃里克森把人的心理发展分为8个阶段，其中1~3岁为肛门期，这个阶段的孩子开始有了独立自主的要求，想要主动地去探索周围的世界，表达自己的意见，内心"我"的概念在慢慢形成。这就是为什么很多妈妈发现，孩子到了两三岁，总是频频冒出"我喜欢""我不喜欢""我要""我不要"这样的语言。"可怕的两岁"也就是这样出现的。

　　孩子不再是那个一岁的小人儿，爸爸妈妈说什么，他就做什么，他开始用自己的认知、自己的判断、自己的主意跟大人"对抗"。

　　所以，父母觉得，3岁之后的孩子不好带了，喜欢顶嘴反嘴，不禁感慨"乖宝宝好像不听话了哦"。这其实是大人在潜意识里给孩子贴的标签；或者是，部分父母不太尊重孩子的意见，不管孩子讲的有道理还是没道理，都一概否定，导致亲子关系在这段时间变得相对比较紧张，孩子显得很不服管。但是，两三岁的孩子表现出来的"不听话"跟大孩子的"叛逆"是不同的。大孩子的"叛逆"可以用心理学上的"超限效应"来解释，说的是因刺激过多、过强和作用时间过久而引起心理极不耐烦或反抗的心理现象。这就是为什么有的事爸爸妈妈说得越多，大一点的孩子就越烦躁，他们会认为自己在被质疑、被控制，就会采取顶嘴的方式来还击。

而当两三岁的孩子开始有了"不听话"的表现，首先要恭喜你，为什么呢？

第一，孩子"顶嘴"证明他有了自己的主见和观点，他的自我认知开始出现，他对"我""我的想法""我要干什么"和"我怎么看这件事情"有思考。

第二，说明孩子的语言表达能力是好的。他不是闷葫芦，他能把心里的想法完整地表达出来。

第三，说明你和孩子之间的沟通是畅通的。想象一下，如果一个家庭，孩子一旦发表与大人不一样的意见和想法，爸爸上来就是两耳光，妈妈劈头盖脸就是"小孩子知道什么，听我们的就行了"，一次两次，孩子可能还会说出自己的想法，因为他有表达自己的本能，但是十次二十次之后呢？孩子可能就会因为父母的这种压制甚至是暴力，不再对父母说出自己真实的想法了。

日常生活中，我最怕见到那些不说话的孩子、爸爸妈妈说什么就做什么的孩子。你会发现这些孩子有个共同的特点，他们的眼神基本上都有点呆呆的，见到新事物没有好奇感，看到陌生人不会满脸打量，而总是习惯性地先看一眼自己的爸爸妈妈。

我每次看到这样的孩子，心里都会隐隐作痛。这样的孩子很乖，很听话，说走就走，说玩就玩，说吃就吃，说不吃就不吃。但是，这些乖巧、听话的背后，少了一份孩子的放肆，少了一份孩子在探索过程中必然会有的出错，少了一份眼中对世界的好奇。

想想日后吧，这样的孩子在进入学校之后是否敢表达自己？被欺负的时候会大声说"不"吗？会去主张自己的权益吗？在上课的时候没有听懂老师说的内容，敢举手，通过问问题把学的知识搞清楚吗？在青春期遇到问题，他会不会非常相信任自己的父母，跟父母主动沟通？如果细细地想，孩子在成人之后还会继续面临挑战。

所以我认为，对于七岁之前的孩子，相比父母担心孩子顶嘴带来的没有教养没有规矩的问题，我们更应该关注的是鼓励孩子大胆主动地说出自己的想法，让他对"我"这个概念有清晰明确的认知。

我有三个应对孩子"顶嘴"的方法：

第一，在非原则性问题上，尊重孩子的想法。老大一岁多刚刚学会穿鞋的时候，有一天我们要到公园去玩。孩子提出要从两双不同的鞋当中分别拿一只，重新配成对穿着出门。我同意了，然后她就穿着这样的两只鞋子到公园去了。一路上，有大人提醒女儿，你鞋穿错啦，你看你的两只鞋不一样，不是一双鞋啊。女儿听了，扬着小脸说："这样穿好看，这样穿，我喜欢。"可能有的父母会觉得，我这样做是骄纵孩子。我的考虑是，这其实并非原则性问题，我们大人还有时候会想穿一些非常规的衣服出门换换心情，更何况是孩子。假如我阻止孩子穿两只不同的鞋子出去，孩子很有可能大哭大闹，结果可想而知，去公园会演变成一次不愉快的经历。其实后来，女儿并没有再穿着两只不一样的鞋出门，她的好奇心得到一次满足之后，就成功转移到其他地方去了。

第二，大人做得不好要敢于承认。记得有一次我带孩子去一个朋友家做客。我提前跟孩子说好，9点钟要回家，妈妈会提前10分钟提醒她，时间到了，就把玩具收好，然后回家。

结果那天大人们聊得特别高兴，忘了约定的时间，等想起来的时候已经快10点了。我赶紧提醒孩子，要回家了，结果她站起来大声说："你不是说9点钟回家吗？你不是说提前10分钟就告诉我的吗？你自己说话都没算数，那我不遵守，我还要再玩一会儿。"

大家一听全乐了，孩子说得在理啊，而且抓住了重点，还真有点儿让我哑口无言。

我走到孩子面前，蹲下来，告诉她："你说得有道理，是妈妈忘记了跟你的约定，真是抱歉，妈妈跟阿姨们很久没见，所以聊得很愉快，就像你玩玩具玩得很愉快一样，我们就把时间给忘了。下一次，我们定个闹钟提醒一下好不好？这一次呢，是我没有做到按约定提醒你。那再玩5分钟，然后我们就回家，如何？"

女儿愉快地答应了，因为她觉得妈妈没有因为她理直气壮地申诉自己的主张、表达自己的观点而批评她，反而尊重她，认同她说得有道理，并且耐心地采纳了她的意见，所以也愿意配合妈妈的建议。

像女儿这种申诉式的表达不是顶嘴，而是对自己权益的主张。大人不必因为感觉内心受到了挑战，就板起面孔非要"赢"回大人的尊严。如果孩子说得有道理，认同并采纳，孩子会更爱我们，更尊重我们，也更愿意配合我们。

第三，即使孩子胡搅蛮缠，大人也要有话好好说，把音调降下来说话。你可以严肃而温和地告诉他："你说出了你的观点，妈妈已经了解了。但是，你的观点里有一个跟实际情况不相符，所以妈妈觉得这个事不能采纳你的意见，我们要按原计划行动。"

因为有之前你对他的想法的尊重，允许他表达，鼓励他表达，孩子出现没有道理的顶嘴和没有礼貌的顶撞的时候，你又耐心、平静地跟他说清楚道理，他就愿意听，也听得进去，就不会犯拧，不会发展到没有规矩和教养的地步。

此外，碰到总是喜欢顶嘴的孩子，我还想给妈妈们一个建议，那就是微笑接招，跟孩子说："那我们来辩论一下吧。"

这样做有几个好处：

一是培养孩子的质疑精神。我们读书，老师总教我们要带着质疑的态度去读，不是直接否定，而是先思考提出问题，再回过头检查自己的观点是否偏颇，在脑海中来回辩论，最后达到让自己的思辨和理解能力加深的目的。孩子的思辨能力当然还很弱，但一个孩子能对权威（他面对的第一个权威就是妈妈）提出质疑，想要挑战，想要表达自己的观点，这是非常宝贵的品质，是值得家长好好保护的。创造力往往是由问题引发的，所有的创新都来自对现状的超越，而如何从大家都认同且遵循的规则里发现问题并提出问题，既需要智慧，也需要勇气。

二是孩子在争辩的过程中能够活跃大脑的思维。

孩子在和妈妈的"唇枪舌剑"中，往往需要极大地调动逻辑思维能力，在非常短的时间内把对方核心的观点抽象出来，进行反驳。这个过程中，需要调用已经获得的背景知识，挑选重组、融会贯通，这种能力对于产生新的认知、新的创造是必不可少的。

三是刺激孩子语言表达能力的发展。在争论时，孩子必须根据自己对事情的观察分析，选择并运用学到的语汇和表达方式，尝试有条理地表达自己的愿望、观点。因为只有这样，他才可能从妈妈那里得到自己想要的结果。

四是帮助孩子变得更自信、更独立。妈妈同意跟孩子进行平等的对话，会让孩子感觉到自己是被当作一个独立的个体来尊重，而不是妈妈意志的贯彻者。心理学家安格利卡·法斯博士认为："隔代人之间的争辩，对于下一代来说，是走上成人之路的重要一步。"一方面，他们能从争辩的过程中学习如何说服父母，实现或者验证自己的想法；另一方面，他们也会发现，在争辩中父母不总是对的，以后面对权威也更敢于去挑战。

完成这样的思维切换，妈妈们，恭喜你有一个"爱顶嘴"的孩子。

丹丹贴士

★ 在不涉及生命安全和底线的情况下，尊重孩子的意见和想法。

★ 大人做得不好要勇于承认自己的错误。

★ 孩子实在有点不讲道理了，大人也要有话好好说，把音调降下来说话。

03

孩子爱打人怎么办

　　孩子会走之后，探索世界的边界越来越大，他开始对自己身体的各个部分有所了解，并且尝试着使用它们；也有了一些力量。比如，他会用手拍东西，会用脚去踢东西。他慢慢明白了，是因为他的手拍球，球才弹起来；是因为他的脚踢球，球才滚到了远处。

　　这个时候，孩子常常会表现出很想跟人接触，想跟人表示一下亲近，便伸出手去触碰，但他不知道如何控制力道，对自己手臂使用的力量是大还是小没有很清楚的意识，结果友好变成了"拍"，甚至是大人界定的"打"。尤其是男孩，力气会大些，显得没轻没重的，有的大人就以为孩子在有意识地打人。

　　我家老二一岁半左右就有这种"打"人的举动。但是孩子"打"的举动是被爷爷"培训"出来的。我们一直和老人住一起，爷爷疼爱孙子，但是老人家不会太多游戏的花样，就跟孩子说："打我，打我。"孩子一碰爷爷，爷爷就笑，孩子得到的结论是"如果我这样用力去打爷爷，爷爷就会笑。他很高兴，这是一个好玩的游戏"。出于这个判断，孩子一次次高兴地去"打"爷爷。

但孩子真的知道这是在打吗？很显然，一岁多的孩子其实并不清楚"打"这个概念。如果一遇到孩子打人的情况，我们就跟孩子说："宝宝，不可以打人。"无论是温柔地说，还是暴躁地说，这其实都是在给孩子强化一个信息"打人"。妈妈们需要做的，是给孩子正面的引导，用正能量的语言和动作去替换"不要""不许""不行"这一类表示否定的信息。具体来说，怎么让孩子知道摸、抓和打之间的细微区别呢？又怎么让孩子知道打人是不对的，不可以在人际交往中有这种行为呢？

第一，用孩子能理解的方式告诉他"打"是什么意思。三岁以下的孩子不是通过语言而是通过动作来学习的，所以这个年龄段的孩子不能光跟他讲道理，重要的是通过动作示范他如何做。我会拿着孩子的手做示范，如果想跟我玩，如果想认识一个新朋友，如果想去安慰一个人，可以用手轻轻摸，并且告诉他这叫"摸"。然后，我再拿着他的手重重地打我一下，并且配合被打之后觉得很疼的表情，告诉他这叫"打"，被打了之后妈妈觉得很疼，不舒服。反过来，我也会用手摸摸他的手和后背，说："我想跟你玩，我想跟你成为朋友。"然后，重重地打他一下，跟他说："这是打，你现在感觉怎么样？"被我打的那个瞬间，他有点惊讶，我说："你是不是觉得疼？很不舒服？所以，我们不能这样重重地去打别人。"通过示范和体验让孩子明白什么叫"打"，什么叫"摸"。

第二，和爷爷沟通，请他用其他游戏代替"打"人的游戏。我们家公公婆婆都特别开明，一听我解释，就明白了，一方面找了新的游戏跟孩子玩，另一方面没有跟孩子有意强化那是"打"的行为，让孩子自然从"打"过渡到了"轻拍"。

第三，跟孩子一起玩扔球的游戏，锻炼孩子对手臂的控制。除了通过示范让孩子区分"摸"和"打"这两个动作的不同，我还买了很多个彩色乒乓球回来，跟孩子一起玩扔球的游戏。我把好几个乒乓球扔到地上，五颜六色的球在地上快速弹起来，孩子看着可高兴了！他也有样学样，扔出去，捡起来，又扔出去。就这么一个扔球的游戏我们能玩好久。

除了乒乓球，那段时间我还会给孩子拿不同材质的东西让他扔，比如，一块毛巾、一个空的塑料矿泉水瓶、一卷卫生纸、一个沙包等，家庭日常的生活用品能扔的都让他去扔，让他感觉不同重量的东西扔出去的不同感受。通过扔的游戏，满足了这个年龄段孩子爱扔东西的喜好。孩子一次次体验用力的不同，练习对手臂力度的控制，既有趣，又让孩子比较自然地知道了如何做到不"打"人。

四岁以上的孩子如果有打人这种攻击性的行为，妈妈们就需要具体问题具体分析了，这个时候的孩子已经能够用语言来表达自己的情绪，选择打人多半是因为他的心里非常懊恼，没有能力把一件事情做好，或者解决面临的问题。这里也给妈妈们一个原则作为参考：阻止行为，疏导情绪。

阻止行为就是抓住孩子的手或者抱住孩子，让他停止打人的动作。如果孩子一时无法冷静下来，就把他带离现场，让他在一个安静的角落里冷静下来。

疏导情绪则需要妈妈耐心地听孩子说清楚事情的来龙去脉，帮他排解负面情绪，和他一起去解决面临的问题。等弄清楚了前因后果，再带着孩子到被打的小朋友面前，示范给孩子看：对不起，我刚刚打了你。

丹丹贴士

★ 用孩子能理解的方式告诉他"打"是什么意思。

★ 用其他游戏来代替和孩子玩"打"人这个游戏。

★ 跟孩子一起玩扔东西的游戏，满足孩子学习"扔"这个动作的需求。

04

孩子磨蹭拖拉怎么办

常听见有父母说，这孩子做事磨蹭拖拉。这句表述折射出来的其实是大人看孩子的一个视角，实际上不会有孩子认为自己是磨磨蹭蹭、拖拖拉拉的。

那么，为什么在大人眼里，孩子总是磨蹭拖拉的呢？因为大人对时间有概念了，而很多孩子对时间还没有形成概念，也没有进行过专门的时间训练。所以，大人一股脑地说孩子做事磨磨蹭蹭、拖拖拉拉，这对孩子来说是有些不公平的。

我是一个要时时刻刻平衡工作与家庭的职场妈妈。工作中，我有自己的团队，我服务的湖南卫视在电视行业是以创新、高效著称的机构；生活中，我要保证高质量的亲子陪伴。我之所以在这两者之间能做到较好的平衡，主要得益于我的时间管理非常高效。

所以，要想孩子长大以后做事不磨蹭拖拉，就必须在孩子小的时候帮助孩子对时间形成概念，让他尝试自己对时间进行管理。那么，如何在孩子小的时候帮他建立对时间的概念呢？

首先，从具体的事情开始帮助孩子建立时间认知。比如，饭后要带孩子出去散步，我会说："宝宝，大概七点半，就是吃完饭后 10 分钟，我们一起到公园去走一走，玩一玩吧！"临出门之前，我会提醒："宝宝，还有 10 分钟，我们要去公园玩了，请你准备一下！"这样，每天坚持，一段时间之后，孩子对 10 分钟、半小时、几点几分等就有了一些基本的认知。

等到孩子再大一点儿，可以自主洗脸、刷牙、穿衣服了，我会说："我们现在比赛如何？妈妈和你一起比赛，看我们穿衣服要多久，看谁用的时间少，谁的动作快。1、2、3，开始！"然后用手机秒表记录，衣服穿好之后，给孩子看看他刚才穿衣服用了多长时间，妈妈刚才穿衣服用了多长时间，比赛是谁赢了。刷牙、洗脸也可以用这种比赛的方式，并且把用时的结果记录下来，写在纸上，让孩子对自己完成一件事到底要花多长时间逐渐形成认知。

其次，教孩子认识钟表。让孩子知道短针走一格是 1 小时，长针走一圈是 60 分钟，60 分钟等于 1 小时。这样，慢慢地，孩子就对时间有了具体的概念。

"我孩子写作业总是磨磨蹭蹭，口水讲干，还是改不了，怎么办啊？"在抖音号和快手号"张丹丹的育儿经"上我经常被问到这个问题。

对于孩子做事磨磨蹭蹭、拖拖拉拉，最让父母无法忍受的是在写作业这件事情上。有的孩子到晚上 10 点多 11 点还没写完作业，睡眠得不到保证，身体健康受影响，学习效果也不好，学习成绩当然也不理想。

坦白说，到了上小学再培养孩子的时间观念也还是有办法的，但有点晚，难度有点大。如果在学龄前阶段没有有意识地对孩子进行时间管理的训练，那么，孩子上小学一年级之前的这个暑假是帮助孩子形成时间管理意识的一个黄金时间段，千万不要错过。

如上所说，我在老大很小的时候就开始在生活中培养她的时间概念，在她上小学之前的那个暑假，我又特意强化了时间管理训练。

我们家离学校非常远，我带着孩子开车做过时间测试，路上单程要花 40 分钟。这意味着女儿比别的孩子要早起将近 1 小时。

她入学后，我希望她可以从容地洗漱收拾，然后心情愉快地和我们一起品味过早餐再出门，而不是食不知味地匆匆塞两口。

围绕这个目标，在集中训练的那个暑假里，除了像小时候一样带着她用秒表对洗脸、刷牙、起床等每一个单项需要的时间进行测试之外，我还准备了纸和笔，和她一起对每天的时间做记录。不要小看了这个记录表，它的作用很大呢。

今天刷牙用了几分钟？今天起床是不是闹钟一响就起来了？还是说赖了会儿床，耽误了？那导致的后果是不是没有在 7：20 跟着爸爸一起下楼出门？

特别要注意的是，在记录过程当中千万不要责骂孩子，真实记录就好。但是一定要让孩子明白底线的时间是什么，比如说 7：20 必须出门。

这样一来，女儿就明白了什么是重要的时间，比如早餐时间是重要的，要留足；通过反复练习，可以精准把握每天刷牙、洗脸所花的时间；底线时间是什么，比如，学校要求 8 点到校，经过测试路上要花 40 分钟，那倒推，她必须在 7：20 和爸爸一起出门。这些基本时间概念的建立，不仅能帮助孩子更快适应上学的生活节奏，不迟到，更为孩子后面的自我时间管理打了基础。

集中训练的那个暑假里，在睡觉前，我们会把这一天的记录整理讨论一次，孩子自己就知道问题出在哪儿了。再次提醒的是，一定要把孩子做得好的放大表扬，对于问题，要平和认真地讨论，找到是什么地方耽误了时间，然后请孩

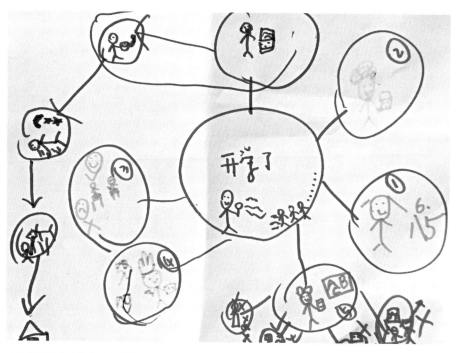

女儿的记录只有她自己能看懂

子自己想办法解决。比如，我会问孩子："那你觉得该怎么调整呢？"当答案是孩子自己说出来，不是我硬性规定的时候，孩子的自觉性自然就会好起来。

让孩子形成时间观念，学会自我管理，不需要什么高深的教育方法，通过一件又一件生活小事就可以做到。通过上面的步骤，有方法地让孩子逐步建立时间概念，并陪着他一起学习时间管理，等孩子上小学后，你就不会有孩子写作业拖拉的困扰了。

而如果孩子上了小学后还有一写作业就磨蹭拖拉的问题，导致家里天天上演"河东狮吼"，那妈妈们也需要从以下几个角度出发来思考解决的方案。

首先就是分析孩子磨蹭拖拉的原因。在目前的教育环境下，每个爸爸妈妈都在不遗余力地"鸡娃"，父母的过度控制、指责甚至辱骂，让孩子丧失了归属感和价值感，孩子往往会选择用拖延这种方式来"争夺"对自己的控制权。孩子可能并没有意识到，但是拖延的确成为孩子有力而无奈的武器。

有些爸爸妈妈在孩子完成了老师布置的作业后，买来大量的教辅资料让孩子继续刷题；刷完题还有各种各样的兴趣班打卡在等着，练琴、跳舞、画画，反正就是不让孩子闲着。孩子在这样的压力下，很自然就会使用拖延的招数：还是慢点做，反正做得越快，任务越多。父母们要看到，这其实是孩子的一种"软性"对抗。

其次就是停止对孩子的唠叨。每一个拖拉磨蹭的孩子背后一定有一个爱唠叨、喜欢吼叫的妈妈（爸爸）。当"快点快点快点"时刻充斥在孩子的生活中，这无疑是在不断地给孩子强化"我就是很慢""我就是拖拉磨蹭"，从而得出"我这人有毛病"的结论。我们要看到每一个拖延孩子的内心可能是非常痛苦的。藏在拖延表面下的是一个想要被接纳、感受到了爱的脆弱和无常的孩子。父母的唠叨，相当于反复在固化孩子的这种认知，带给孩子的伤害会是持续性的。

还有，就是慎用奖励。"如果你尽快完成作业，就可以获得……"这种过度奖励的方式一是会切断孩子对于学习的自主性，孩子学习的自驱力就被稀释了。二是过度的奖励其实也是另一种变相的控制，会让孩子时时觉得自己处于被评价、被监控的状态。

父母们重塑自己对孩子写作业拖拉的认知之后，才能调整心态，用更积极、更正面的方法引导孩子来管理自己的时间。而具体怎么引导，就可以参考我在本篇前面说的时间管理训练方法。

丹丹贴士

★ 从具体的事情开始帮助孩子建立时间认知。

★ 慢慢地教孩子认识钟表。

★ 上小学前的暑假是时间管理训练的黄金时间段。

★ 停止对孩子的唠叨。

★ 慎用奖励。

05

孩子爱玩电子产品怎么办

孩子爱玩电子产品？

这不是孩子的错。

人类传播工具的变化，从白纸黑字到电台有声，到有图像的默片，再到黑白电视、彩色电视，直至现如今移动端的电子产品无处不在，相较于纸质阅读单一的呈现方式，如今的视听产品从视觉到听觉再到对人心理的透彻研究，可谓无所不用其极。这个时代，成人都无法完全抵抗手机里视听产品的诱惑，何况孩子。

而且父母们有没有仔细回想过，孩子第一次接触电子产品是什么时候？是不是爸爸妈妈拿着手机站在摇篮边？他第一次在手机上看动画片、玩游戏是什么时候？是不是父母说"好吧，让你看一下，别吵啊"？和孩子朝夕相处的两个人，是不是从早上起来就打开手机，是不是只要无事可干就开始毫无目的地刷手机？

这样的时代背景和家庭环境下，几乎所有的孩子对电子产品都没有抵抗力，如果不设定时间，他们几乎可以整天看手机、玩游戏，专注起来完全听不见这个真实世界的声音。

怎么办？家长首先要想一想为什么孩子的注意力容易被电视、手机吸引走？

在回答这个问题之前，我想先问你们：看一部电影和加班写材料，你选哪个？正常情况下，几乎所有人都会选择看电影。我们人类为什么容易被这类能带来强烈感官刺激的事物吸引呢？这就涉及一个科学术语：定向反应。

定向反应是我们的祖先内置在大脑内的一种安全装置，是指如果有新奇的事情发生，大脑会停止正在做的事情，转向刺激来源。这个功能对我们的祖先非常重要，比如远古时期的人正与同伴围坐在一起听部落里的人讲故事，这时，他听到身后的丛林里有异响，就会把注意力从讲故事的人身上移开，开始屏住呼吸仔细听，这是什么声音呢？响尾蛇的声音，快起来！看到没，能否通过定向反应快速转移自己的注意力，及时发现危险，对我们的祖先来说可是件关系生死的大事。

但是对现代人来说，如果任由定向反应发展，不停转向强刺激的来源，就会失去选择和保持注意力的能力。而长时间沉浸在高强度的刺激下会怎样呢？我们都有体会，如果看了很长时间手机或玩了很长时间游戏，终于停下来的那一刻，整个人无精打采，心浮气躁，想要静下心来做点其他事都根本无法集中注意力。更糟糕的是，人如果总是在强刺激的环境中，他会很难再适应弱刺激环境，也就是说，看惯了屏幕的孩子，别的东西很难对他产生吸引力。屏幕对孩子注意力的掠夺简直是不可逆的。

如何跟屏幕争夺孩子的注意力呢？一味的禁止肯定是没有用的，相信很多家长也试过。你越禁止，他玩得越凶，当面不玩，背地里玩。那么父母能够做的是：

第一，也是最重要的一点，爸爸妈妈们在陪伴孩子的时候一定不用手机等电子产品。

真正的陪伴不在于时间的长短，而在于陪伴的时候父母是否投入。如果你在陪伴孩子的时候一直盯着手机，孩子会想：爸爸妈妈不愿意跟我玩而愿意玩手机，这个手机一定特别好玩。哪怕是因为工作不得不在家里频繁使用手机，建议你也要告诉孩子：我现在需要用手机工作半个小时，这半个小时你可以先去干什么，由爸爸 / 妈妈陪你。如果父母实在想玩手机放松一下，建议在进家门前刷半个小时手机，满足自己的同时也不影响孩子。

我先生有段时间特别忙，回家还不停地用手机处理工作。彩旗对此表达了不满，我就问她："你希望爸爸回来处理工作，还是希望爸爸做完工作再回来？"她想了想说："我还是希望爸爸在家。"即便如此，我也要求先生在书房里处理工作，不要在孩子面前使用手机。这么做的理由是，我们要让孩子从小感知：手机只是我们的一个工具，是辅助我们工作的一个东西。是我们在使用手机，而不是手机在掌控我们。

第二，在孩子接触电子产品之前，培养孩子阅读的兴趣以及对其他游戏的兴趣。

在孩子被电子产品吸引之前，我们要培养孩子其他的兴趣点。阅读和亲子游戏是最好的两个选择。我们家的两个孩子从 1 岁多就开始亲子绘本阅读，一直坚持，阅读已经成为孩子生命的一部分。他们也从阅读中汲取很多快乐和成长的力量。

然后，就是用亲子游戏的时间代替屏幕时间，这在低龄孩子和妈妈之间比较容易做到。当他说想玩手机，妈妈只要略带神秘地给出一个建议，"我们一起玩假装做饭的游戏吧"，大部分孩子都会很快被吸引，马上来亲亲抱抱一起玩。

对大一点的孩子，玩过家家这样"低幼"的游戏可能就不管用了，最直接有效的办法就是走出家门。和出去爬山疯跑、游泳打水仗相比，电子产品的诱惑力会迅速下降。户外活动不仅可以增进亲子感情，还能锻炼孩子的身体，对孩子的视力也非常有好处。如果妈妈还能时不时提出一些新点子，比如去农场采摘蔬果、去江边徒步探险……孩子们一定乐此不疲。

现在我们经常可以看到，周末公园里特别多年轻的父母带着孩子，搭起帐篷，跟孩子一起放风筝、晒太阳、做游戏。越来越多的父母意识到了有效陪伴孩子的重要性，并且付诸行动，这真是一件让人高兴的事。

第三，跟孩子约定好玩电子产品的时间。教育部发布的《学前、小学、中学等不同学段近视防控指引》（以下简称"指引"）里建议0~3岁的幼儿禁用手机、电脑等视屏类电子产品，3~6岁幼儿也应尽量避免接触和使用，小学生应严格控制视屏类电子产品使用时长。"指引"明确小学生应控制持续阅读和书写的时间，低年级段小学生每次连续读写不超过20分钟，高年级段小学生每次连续读写不超过30分钟。这基本也可以作为父母跟孩子约定看电子产品时间的一个参考。并且，父母尽量选择高质量的内容给孩子观看，让屏幕时间也能对孩子产生正向的影响。

第四，使用定时器，并且在时间快到了时提前5分钟提醒。我建议妈妈们

妈妈，欢迎来我们的树屋酒店

可以在家里准备一个定时器，有些孩子可能还没办法认时钟，对时间也没有概念，定时器能够比较直观地让孩子认识和管理时间。跟孩子约定好了使用屏幕的时间，就把定时器调好放在孩子旁边，告诉他定时器一响就要放下手机了。然后需要考虑到孩子并不是一个机器人，不是你按一下按钮想关就关，想收就收的，所以给孩子一个缓冲的时间，提前 5 分钟告诉他，时间马上就要到了，请他准备好结束。还有一个需要注意的地方是，孩子在结束使用屏幕时间后的十分钟，可能还处于强刺激环境的余韵中没有调整过来，妈妈们不要急着马上让他进入学习状态，或者忙着给他讲大道理，他学不好也听不进去。让他休息十分钟放松一下神经和身体，调整好自己的状态，才有助于完成接下来的任务。

第五，对孩子手机成瘾的问题，家长介入得越早，效果越好，如果等孩子到了七八岁，家长再来调整就有些晚了，花10倍的精力都不一定有效。因为沉浸在手机里，阅读或其他的兴趣爱好没有建立起来，学习的压力又扑面而来，孩子就会像掉进了手机成瘾的泥潭里，拉都拉不出来了。

当我们做好以上几点，孩子也就慢慢长大了。手机包括其他电子产品在我们生活中出现的频率越来越高，我们再怎么隔绝也是没有用的，而且也没有必要，因为孩子面对的是一个高度智能化的未来世界，他们的生活注定与电子产品息息相关。所以，我们慢慢地也要给孩子看电子产品的时间，给孩子自主权，让他学会支配自己的时间。当然，这其间也会有反复，孩子仍然会有沉迷的问题，但是因为有其他的选择，有阅读，有游戏，有父母的陪伴，电子产品成瘾的问题基本不会出现了。

丹丹贴士

★ 父母在陪伴孩子时一定不用手机或其他电子产品。

★ 培养孩子阅读的兴趣和对其他游戏的兴趣。

★ 跟孩子约定好玩电子产品的时间。

★ 使用定时器，并且在时间快到了时提前5分钟提醒。

★ 对孩子手机成瘾的问题，家长介入得越早，效果越好。

06

孩子说谎怎么办

有心理学家称，人是爱讲大话的动物，一天中所讲的谎言往往比自己意识到的更多。说谎似乎是人的天性。

面对孩子说谎的问题时，父母首先要认识到这是很正常的事情。孩子在一两岁的时候，大脑是无法分辨现实和想象的，他可能把看过的书、妈妈讲的故事当作现实中实际发生的，但是爸爸妈妈一定不会把这种情况当作撒谎去指责孩子。只有当孩子的大脑发育到一定的阶段，才具备说谎的能力。为什么这么说？因为说谎需要孩子做出很多判断，判断他要撒谎的对象比如爸爸妈妈知道什么，有什么是爸爸妈妈不知道的，爸爸妈妈想知道什么……我可以利用这个信息差来编一个怎样版本的故事来说给爸爸妈妈听。

其次，父母还需要认识到孩子说谎的心理动机，然后拨开这些动机看到他们的心理需求。孩子撒谎最大的一个心理动机，其实就是恐惧，害怕自己说真话所带来的后果。如果父母不信任孩子，遇到问题总是指责他，"我让你不要干你非要干""我早说过了，你不听我的，你看，这下好了吧"，或总是在孩子提出要求的时候予以否定，"不行""不可以"，孩子就会趋利避害，用谎言来逃避父母可能的指责，用谎言来满足自己的需求并且不愿意承担责任。

认清以上两点，父母才有可能对孩子撒谎的行为做出正确的应对，第一就是不要粗暴地给孩子贴上"说谎"的标签；第二是平和而冷静地告诉孩子，我们知道事实情况是怎样，但对错误行为表示理解，缓解孩子的紧张和不安，让他接收到我们的关心；第三是告诉孩子应该怎么去面对自己的需求，怎么去处理已经产生的问题，爸爸妈妈希望你怎么做；第四就是给孩子足够的信任。

记得有一次，我和先生工作到晚上 12 点才到家。回家后，我们发现彩旗还没睡，问她在干吗，她说："我在发呆。"爸爸马上意识到绝对不是，又问："你的平板电脑在哪？""在充电。"爸爸摸了一下，平板电脑是热的。这下，彩旗意识到自己错了，她说："你们把它收起来吧，我控制不了我自己。"

我对彩旗说："妈妈小时候没有平板电脑，只有电视机，我经常就会借着倒洗脚水啊，到爸爸妈妈房间去问个什么事儿啊，多看一眼电视。其实每个孩子都控制不了自己，你不用为此感到特别自责。平板电脑是比书本更丰富的一种媒介工具，天生会吸引人一些。但是你要明白，爸爸妈妈这次生气第一是因为已经快 12 点了，你早应该睡觉了；第二，你刚才说你在发呆，这不是真实情况，说严重一点呢，就是撒谎，这是不可以的。"

然后，我给她讲起了"慎独"。我说："你一个人待着的时候，你对自己的行为要有要求。虽然你还小，还不能完全做到，但是，我们可以试着来给自己打分，比如你刚开始做到一点就是百分之十，下次能做到百分之三十就是进步，再下次做到百分之五十、百分之七十，最后再做到接近百分之百，这就非常好。但是不说真实的情况，是很不好的。"

最后，爸爸还是批评了彩旗。在我们家，有一类教育爸爸是一定要参与的，就是关于品性、价值观的教育。

后来，我跟爸爸讨论平板电脑是否要还给孩子，他说："我们还是给她。"我跟彩旗说："你在玩平板电脑上多花 1 个小时，就意味着你少睡了 1 个小时，或者干其他事情少了 1 个小时。下次，如果你真的很想再看一会儿平板电脑，需要提前跟爸爸妈妈沟通。你只要遵循这个规定，征得了我们的同意，看的内容是孩子可以看的，多看一会儿 iPad 是没有问题的。"

事实上，在玩电脑这件事上，孩子确实说谎了，但是我们没有用"说谎"这个词。我们会对孩子说：你要说真实的情况。有时说谎是孩子的一种逃避责任的本能，并不是存心要骗人。所以，不要轻易给孩子贴上"说谎"的标签。但对于孩子"说谎"的这种表现，父母一定要从开始就警惕，不要让"说谎"成了孩子逃避责任的借口。

丹丹贴士

★ 不要轻易给孩子贴上"说谎"的标签。

★ 发现孩子有说谎的行为时，父母不要纵容，应及时纠正。

★ 所有重要的事情，跟品性、价值观相关的，爸爸妈妈是要一起参与的。我们要让孩子明白这是件非常正式的事。

07

孩子学说不好的话怎么办

　　学龄前孩子的模仿能力很强，特别是在语言学习方面，他们时时刻刻接收着来自外界的语言刺激，但由于他们的辨别能力还比较弱，无法真正了解语言背后的含义，所以从孩子嘴里经常会冒出一些让我们大人觉得"震惊"的话，这不足为奇。当然，这并不意味着我们可以放任孩子去使用这些不好的语言。

　　彩旗入小学面试那天，我们全家陪她一起去学校，在路上，经过一个小小的坡，汽车下坡时速度突然加快，这让行驶着的车有了一种腾空的感觉。孩子就说了一句："妈妈，好爽。"

　　我当时一愣："彩旗，你用'爽'这个字是想表达什么意思呢？"她说："这个车一上坡再下坡的时候，爸爸开车速度加快的感觉。"旁边的爸爸立马明白了："哦，你说的这种感觉，有个专有词，叫推背感，就是一加速，身体靠向椅背的感觉。"

　　我问彩旗："彩旗啊，你感觉到的推背感是一种什么感觉呢？"

她说："就是很高兴、很舒服。"我说："那你说'爽'这个字会想到什么呢？"她说："想到爸爸以前带着我去骑马，加速的那一瞬间，而且那个时候爸爸还会放一首歌曲，我会想起那首歌的旋律。"这下我明白了，我说："这个'爽'字，妈妈没有说过，爸爸也没有说过，我也没有听到爷爷奶奶说过，你是从哪里知道这个字的呢？"她说："嘿！男孩子们，他们在教室里天天都说，'好爽的啦'。"

作为一个敏锐的妈妈，我听到"爽"这个字马上就有了警觉。

我说："我明白了，彩旗。妈妈要给你讲一件事情，你记不记得有一天，我们去散步，看到几个伯伯，他们有的没有穿上衣光着上身，还有的把背心翻上去，露着肚皮。你当时问我'他们为什么要这样？'我当时是怎么回答你的呢？我说'他们这样不太文明啊'。"

我让彩旗回忆那几个伯伯，就是想说，她的感觉用"爽"这个字表达没有错，但是就好像那些伯伯到公园里去，穿不穿衣服、怎么穿是他们的自由，但是社会规范人类是有共识的。小女孩说"爽"这个字不够文雅，就像去公园没有穿上衣的伯伯。

结果女儿回答："哦，但其他人也在说呀。"

我说："是的，其他人也在说，他们的爸爸妈妈可能还没有听见，或者还没有意识到这是不文雅的，但是妈妈今天告诉你这个字不文雅，我们家不能说这个字，你可以换一个词来描述你的感受，比如'风吹到脸上很舒服'。"彩旗眨眨眼睛没说话，似乎明白了。

至此，我再也没有听到彩旗说"爽"这个字。

我后来跟孩子爸爸说，在这个多元化的社会里，每个孩子的家庭环境不一样，当他们混杂在学校的时候是会彼此影响的。我先生说："是的，所以我们要把判断的标准告诉孩子，至于怎么去判断，孩子是不是能掌握好判断标准，那是她在成长中要去解决的。"

彩旗说的这个"爽"字可能在很多爸爸妈妈那里并不是多么大的问题，但我是希望通过这样的方式来让孩子意识到，她对语言的探索是有一定边界的，可以用更好的方式来表达自己的感受和情绪。

而很多妈妈可能会发现，自己的孩子某一段时间非常爱说"屎尿屁"，甚至是一些暴力的脏话、狠话。这其实是孩子在经历一个"脏语气期"。他们在试探性地用这种他们自认为"有能量"的语言探索世界，去获取他人的反应。

面对孩子们脱口而出的"脏话"，妈妈们最好的应对方法就是无视，不理会孩子，这在心理学上被称为"消退法"。

如果父母对孩子们的脏话表现出过于强烈的反应，孩子往往会感到特别兴奋，觉得自己的语言对他人产生了巨大的作用，反而加深了这些词在孩子脑中的印象，引发"禁果效应"，就是父母越不让孩子说的话，他就越想要说，越觉得这些话"有能量""好玩"。而如果他的这些脏话得不到任何反馈，他自然也就会慢慢觉得无聊，没有意思了。

当然，我们还是需要做出正面的引导，如果孩子在外人面前说脏话，这时父母还是可以不理会孩子，但是要当着孩子的面跟对方认真道歉，让孩子看到，他说的这些话是不对的、不礼貌的，是需要向别人表示歉意的。

最后就是父母自己要以身作则，给孩子营造良好的语言环境。孩子 95% 的语言都是从父母身上复制过来的，父母一定不要随意在孩子面前爆粗口。

丹丹贴士

★ 把判断的标准告诉孩子，至于怎么去判断，孩子是不是能掌握好这个判断标准，那是孩子在成长中要去解决的问题，但是你需要把标准告诉他。

★ 对于孩子的"脏语气期"，最好的应对方法是无视，并做出正面的引导，父母要以身作则，营造良好的语言环境。

08

孩子晚上总是睡得很晚怎么办

"晚上 8：45 睡觉？这怎么可能？！我还有很多工作要回家加班完成！""我这个时间还在回家的车上，回来总得跟孩子玩一会儿吧？""这个时间点就睡觉，那我自己的人生还有乐趣吗？见朋友啊，出去吃个夜宵啊，孩子也跟着见识一下。"……

的确，对成年人来讲，白天累了一天，有一个放松的时间是必需的；让孩子参与一些活动也是很好的，偶尔为之当然没有问题。但是，天天晚睡就不好了，毕竟睡眠对于孩子是极其重要的。

那么，怎么调整孩子晚睡的习惯呢？

首先就是父母们要意识到这个问题的重要性。

坦白说，除了个别疾病的原因，孩子晚上睡得晚，绝大部分的原因在父母。很多父母根本不认为晚睡是个问题，没有意识到睡眠对孩子生长发育的重要性。

有内分泌科的权威医生表示，人的生长激素的分泌是有一定规律。比如脉冲式分泌，新生儿期和青春期会分泌得更旺盛，正常作息夜间分泌比白天多，在进入深睡眠后 1 小时会有强脉冲分泌，锻炼和体力活动时分泌增加。50% 的人没有达到遗传身高，其中一个很重要的原因就是睡眠不足，影响了生长激素的分泌。另外，由于睡眠不充分，大脑也得不到很好的休息。于是大脑在运转的时候就比较低效，会影响孩子的学习效率和学习成绩。

以下是为人父母必须知道的孩子睡眠常识。

2019 年 4 月 24 日，世界卫生组织发布了针对 5 岁以下儿童的健康指南——《5 岁以下儿童的身体活动、久坐行为和睡眠指南》，1~2 岁的儿童每天应该获得充足的有质量的睡眠时间 11~14 小时，包括小睡；3~4 岁的孩子每天高质量的睡眠时间应该达到 10~13 小时，包括小睡。

教育部在 2021 年 4 月发布了《关于进一步加强中小学生睡眠管理工作的通知》，要求小学生每天睡眠时间应达到 10 个小时，就寝时间不晚于 9：20；初中生应达到 9 个小时，就寝时间不晚于 22：00；高中生应达到 8 个小时，就寝时间不晚于 23：00。

对照以上睡眠量，很多孩子都睡得太晚，睡得太少。

首先，父母们只有开始重视这个问题，才会主动调整、规范孩子的睡眠时间。

其次，建立睡眠仪式感，把孩子睡觉前的流程变成固定动作，比如喝牛奶、洗澡、讲故事、关灯、睡觉。日复一日地强化这套流程，孩子自然就知道哪个环节完成之后，就该睡觉了。

如果有些孩子在完成了这套睡眠仪式后，还不想睡觉，还想玩，就请父母们一起演一出戏给孩子看吧！你一定要做最佳演员。

晚上 8∶45 左右，你可以拉上全家人一起配合，把家里的窗帘都拉上，把灯都关掉，然后告诉孩子："现在是睡觉时间了，爸爸妈妈要睡觉了，爷爷奶奶也要睡觉了，阿姨也睡觉了，我们都要睡觉了。"

孩子如果不相信，你可以抱着他到已经关灯的各个房间去看一看，孩子确认这个信息后一般都会比较听话地到床上躺下来。当然了，孩子一定睡不着，而是在床上翻来覆去，也许会跟你说话。你可以跟他说话，也可以不说话，或者是轻轻地摸摸他的背。

十几二十分钟后，孩子就会慢慢睡着了。等孩子睡着之后，大人们再开灯，该追剧的追剧，该刷手机的刷手机。

这样的"演戏"持续一些天之后，孩子的生物钟就会习惯在晚上 9 点前睡觉了。

在培养孩子早睡习惯的这段时间里，孩子一定不会乖乖地每天主动躺到床上去，可能会有那么几个晚上要到其他房间去看一看，你不用强迫他非躺在床上不可，可以跟他一起到已经关了灯的各个房间去走一走，他要玩也可以玩一会儿。但是，大人不要跟他对话，在他身边陪着就好。很快，孩子会觉得无趣，加上家里营造好的大家都睡了的环境会增加他的困意。过一会儿，你再引导他回房间睡觉他就会配合了。

让孩子早睡并不是一个难解决的问题，只需要父母多一些耐心，在一个月之内牺牲一点自己的私人时间就可以了。

再次，就是调整好孩子白天的睡眠时间。早睡的前提是早起，如果孩子早上习惯睡到九点、十点，那么相应地午睡的时间也会延后，进而影响到晚上的入睡时间。

也有父母担心，孩子晚上睡觉睡得很好，而且调整成早睡的习惯了，可是白天就不午睡了，这怎么办呢？

关于孩子是不是需要午睡，大家各有各的说法，以我们家的两个孩子为例，他们俩情况就完全不同，老大到现在也不习惯午睡，老二每天都有午睡的习惯。所以，父母不用太纠结孩子是不是午睡，只要每天的睡眠总量得到保证就可以了。

如果孩子中午不习惯午睡，又在上幼儿园，那就需要父母主动跟幼儿园的老师和园长沟通，争取让孩子在别的小朋友午睡的这个时间在旁边安静地看书、画画，不打扰别人。现在很多幼儿园的理念越来越先进，越来越开明，只要很好地沟通，这个问题基本上是可以解决的。

最后，就是在白天充分地给孩子"放电"。有一部分孩子天生精力充沛，如果"演戏"的办法在持续了一两周之后依然效果不明显，那父母就要观察是不是孩子白天的运动量不够。如果白天让孩子充分地活动，把多余的精力都消耗掉，晚上入睡自然就很容易了。

丹丹贴士

★ 父母们要重视孩子的睡眠问题，这对孩子的生长发育非常重要。

★ 建立睡眠仪式感，把睡前环节变成固定动作。

★ 全家配合，给孩子营造早睡环境。

★ 调整白天的睡眠时间，白天让孩子充分运动，释放精力。

09

如何提升孩子的节约意识

在物质生活丰富的今天，我们是否有必要重提"节约"这个话题呢？

基于自己多年从事社会新闻调查的经历，对于这个问题，我一直有自己坚持的观点：要让孩子正确看待物质需求，学会珍惜眼前的美好。

作为中国发展研究基金会"山村幼儿园"项目的推广人，2016 年，我联合著名风险投资家熊晓鸽先生和轻松筹平台，为湖南通道县和桑植县的贫困儿童筹建了 104 所山村幼儿园，让贫困家庭的孩子在家门口就可以上免费的幼儿园。在贫困山村调研时拍下的照片和视频我会拿给老大看，让她知道不是每个孩子天天都有饭吃，不是每个孩子冬天都有袜子穿，让她建立对世界更完整、更客观的认知。

当下，我们又该如何在生活中提升孩子的节约意识呢？我总结了三点建议：

首先，视具体情况满足孩子的需求，有原则但也要灵活。一次，我们全家出国旅行，因为飞行时间比较长，我们给外公外婆买了头等舱，我们和孩子就买了经济舱。老大就问为什么外公外婆坐头等舱，座位不仅可以放下来当床睡，还

2019 年 6 月 1 日儿童节，主持首届中国儿童发展论坛颁奖和单元讨论。本届中国儿童发展论坛的口号是："儿童优先，筑基未来。"

有空姐提供那么多好吃的？我就跟她解释：头等舱的价格是经济舱的两倍，贵很多。我们一家最需要坐头等舱的是外公外婆，他们年纪大了，不能长时间坐着，所以需要坐更舒适的头等舱。她说："我以前也坐过。"我告诉她那次坐飞机的时候她还小，买头等舱是怕她因为不舒服而哭闹。但现在她已经大一些了，也坐过几次飞机了，我相信她能够适应经济舱的环境了。之后，老大欣然接受我的解释，高高兴兴地坐了经济舱。

实事求是地向孩子说明情况，才能让孩子知道自己的意见是被重视的，妈妈不会不顾自己的需求。作为父母，千万不能因为意见是来自一个两三岁的孩子就敷衍他。一个被满足的孩子才不容易有心灵上的缺失感，日后也不容易被物质掌控。

这里再补充说一个"延迟满足"的心理学概念。这个概念来源于 20 世纪

60 年代美国斯坦福大学心理学教授沃尔特·米歇尔设计的一个著名实验。他找来数十名儿童，让他们每个人单独待在一个只有一张桌子和一把椅子的小房间里，桌子上的托盘里有这些儿童爱吃的东西——棉花糖、曲奇或是饼干棒。沃尔特告诉孩子们可以马上吃掉棉花糖，或者等 15 分钟后他回来时再吃，那么就可以再得到一颗棉花糖作为奖励。

实验的结果是大多数的孩子坚持不到 3 分钟就放弃了；大约三分之一的孩子成功延迟了自己对棉花糖的欲望，等到 15 分钟后沃尔特回来兑现了奖励。沃尔特对这些孩子进行了长时间的跟踪，发现那些马上吃糖的孩子无论是在家里还是在学校，都更容易出现行为上的问题，而那些愿意等待的孩子学习成绩普遍要比前者好。

延迟满足用在家庭教育里，其实就是告诉孩子要克制当期消费，追求更有价值的事情。这当然有一定的道理，但我也要再次强调"有原则也要灵活"的观点，最重要的是让孩子知道买东西或者消费这个行为在当下是不是合适的，如果是，就可以当下买；如果不是，那么就等到条件满足、理由充分的时候买，或者不买。

其次，购物也是一个培养孩子节约意识的好机会。我和孩子去得最多的地方是书店。每次去书店之前，我会和孩子约定：今天可以挑两样东西，不能无限度什么都买。我会告诉她："每次先把所有的东西看一遍，分清楚'想要'（want）和'需要'（need），比较之后再决定。"让孩子分清"想要"和"需要"，其实是在让孩子思考，当外部条件无法同时满足"想要"和"需要"时，要给"想要"的排排队——我最想要什么？我的实际需要是什么？谁的"想要"要优先考虑？等她经过思考做出选择之后，我会跟她分析：这个可以买，理由是什么；那个不可以买，理由又是什么，你的"想要"和"需要"是不是一致。慢慢地，孩子也学会了分析，学会了比较，学会了如何做决定。

最后，我们要教孩子正确看待广告。现在的孩子们，生活在一个消费的时代，广告无处不在。我们要告诉孩子如何去分辨广告，广告的目的是什么，你想要这个东西的目的是什么，二者是不是匹配。

但记住，在对孩子做这方面的引导时，一定不要用一些枯燥的大道理来说服孩子，最好是用符合孩子理解水平的、有趣的方式向他传递最基本的消费理念和决策标准。

丹丹贴士

★ 让孩子知道人与人的生活状态是不同的。

★ 视具体情况满足孩子的需求，有原则但也要灵活。

★ 有限度地给孩子自己选择东西的权利。

★ 教孩子正确看待广告。

10

孩子"偷"东西怎么办

在某一次直播的时候，有一个妈妈问：两岁的孩子偷东西，怎么办？原谅我当时一下子没控制住自己的脾气，劈头盖脸就反问她：你怎么会说一个两岁的孩子偷东西？你们家有什么东西需要他去偷？你知道偷是什么意思吗？你知道一个孩子被别人说偷东西是什么感觉吗？你是他亲妈吗？你怎么这么笨啊？

我后来给这位妈妈道了歉，但我知道自己为什么突然情绪激动。两岁的孩子还没有建立起任何道德规范，他是天真无邪的，大人用自己的道德规则去批判一个两岁的孩子，那种居高临下的态度是完全不顾现实情况的自大妄为，而这样的行为发生在被孩子无条件依靠的妈妈身上，这实在让我无法接受。

按照皮亚杰的发展心理学理论，道德建立分三个阶段，4岁以前，孩子处于无律期；4~8岁进入他律期，需要大人给他树立规则，厘清对错，用后果告诉他哪些行为不可为；8~12岁才会逐渐进入自律阶段，能自行判断行为意图和后果之间的关系。

我认为，即使是一个十几岁的孩子拿了别人的东西，也不应该轻易给他冠上"偷窃"的帽子，因为这个字眼具有极强的道德批判，不是一个孩子能够承受的，对孩子的心理发展会带来很严重的后果。一个两岁的孩子，他对一件东西好奇，拿起来或者藏起来，这完全出于天生的探索欲望，是他认识世界的一部分。至于东西原本属于谁，这种带有社会属性的判断，在他眼里根本是不存在的。作为妈妈，此时应该看到自己的孩子正在探索世界，而不是内心戏爆棚，又害怕别人的眼光又内省自己的教育，甚至担心这个小错误会酿成未来的大错，继而发出道德批判。妈妈，你真的想多了。孩子的心比我们的纯净得多。

你可以这样做，耐心地告诉他："孩子，请告诉妈妈真实的情况。""宝宝，这是别人的东西，要征得同意才能拿。"那么小的孩子，可别指望他被你训斥或劝说了一次就能明白，你可能需要在同样的情形下说100遍，孩子才能最终明白私有财产不可侵犯这件事。

你也可以这样做：如果他对手上的东西表现得特别感兴趣、不舍，在经济条件允许的情况下，不妨买一件同样的给他。他琢磨完了下回也就不会再拿了。这样做时，不要把"纵容"端出来否定自己，即使身边的人这样评价你也不必在意。因为你在宽待自己的孩子，带领他认识未知，在自己力所能及的范围里给他提供最大的满足感。

对于进入他律期的年龄稍大一点的孩子，如果发生了"偷"这样的行为，在他接受了相应的教育和惩罚之后，请不要对孩子"穷追猛打"。

彩旗刚入小学时，有一次对学校门口的自助结账小卖部产生了兴趣，想看看是不是有人躲在暗处观察没有付账就拿东西的人。她尝试了一次，居然没有被阻止。于是就像发现新大陆一样与同学分享了这个秘密。当然，最后他们的行为被老师发现，受到了严厉的惩罚。

在老师和我们沟通后，我们没有继续对彩旗进行严格的道德批判，因为她已经在学校接受了应该的惩罚，老师也已清楚地告诉他们：买卖关系要遵循自愿、平等、公平、诚信的市场交易原则，他们不付钱就拿商品的行为违背了公平和诚信原则，损害了小卖部老板的利益，这种行为是错误的，她已经接受了相应的教育。我们就没有抓着这件事不放，只是开了家庭会议，给她介绍什么是可以，什么是不可以，再继续观察她的行为。她没有因为这次的好奇而背上沉重的思想包袱，当然这样的事情也没有再发生。

所以，当妈妈看到孩子第一次"犯错"时，能不能马上从自己的道德观念束缚里挣扎出来，思考他行为背后的含义是什么？好奇还是羡慕？或是满足感有所缺失？是最近给他的爱不够，还是对他的管教太严厉？想想是什么促生了他的这一举动，而不是忙着去定义这个动作本身触犯了成人世界的哪条规则。

一个孩子跌跌撞撞来到一个陌生的世界，好奇地迈出步子、认识世界的过程中，这样的"犯错"时刻实在太多了。他只是"错"在太顺从自己的天性，"错"在还没搞明白这个世界的规则，"错"在用错误去验证和纠正自己的行为。妈妈想要努力"让孩子成为一个好人"的良苦用心没有错，但正确的做法是放孩子一马。你在他身边努力做一个有道德感的好妈妈，他自然会长成你的样子。

丹丹贴士

★ 反复告诉孩子"别人的东西不能拿"，帮孩子明确物权的概念。

★ 在经济条件允许的情况下，满足孩子的需求。

★ 不要对孩子的错误行为穷追猛打。

11

孩子不愿意分享怎么办

我们这一代人从小就被爸妈教育自私不对，谦让是美德；到了这一届父母嘴里，换了个词叫分享（Share）。妈妈们苦口婆心，叨叨地给孩子讲道理、做示范，希望孩子长成一个有爱心、愿意分享、受欢迎的人。

可妈妈们会不会有这样的困惑，道理讲了一大堆，书也带着读了一堆，可他怎么还是一出门就抢别人的东西，连一口冰激凌都不肯分给弟弟，又想跟人玩，又不肯分享玩具，这孩子是什么矛盾的存在体吗？

我家有二宝，平时只要不是过分的要求，孩子们想买什么东西也尽量满足，但为了一件不起眼的小东西争得不可开交的情况还是每天上演，为了妈妈多陪了对方几分钟而大哭大闹的情况也时有发生。我的处理方法是跟懂道理的那个讲道理，用行动安抚不懂道理的另一个，当下一次同样的情况再发生时，同样的动作再做一次。我们自然知道，让孩子懂得任何道理都不是一天两天的事，让孩子懂得分享当然也一样。

不过，我在这里想先问两个问题。

首先，妈妈们有没有想过，分享一定是对的吗？回答"天经地义""这还能有什么疑问吗""难道自私自利才好吗"的人，是不是忽略了任何命题都该有前提条件呢？

我们如果承认，孩子跟地球上的狮子、老虎幼崽一样，都是没有成熟的动物，那么跟兄弟姐妹争抢妈妈的奶水或带回来的食物，这事关它的存活几率；跟同龄的伙伴争抢一只猎物、一块肥肉，这事关它的口粮；谁敢来抢我的东西，就是抢我的生存权，给你一巴掌是轻的，咬个你死我活都不为过。狮妈妈、虎妈妈不会教它的孩子分享，因为动物世界只有丛林法则，没有社会道德规范，没有因为社会分工带来的合作需要，自私是活下去的必需条件。

而婴幼儿尚未发育成熟，身上留有动物性，妈妈需要理解，这是孩子的一种正常的早期行为，是人之本性。认识到这一点，认识到分享并不是自然界普遍的法则，有助于帮助妈妈理解孩子的某些行为，并不是用对错可以定义的。

此外孩子在两岁左右，会进入一个物权敏感期，这跟自我意识是紧密相连的。著名心理学家皮亚杰在观察自己的孩子以及其他孩子的实践中得出儿童在两岁时自我意识突出的特点。他们最常见的表现就是凡事"以自我为中心"，不考虑他人感受。这也是孩子物权意识觉醒的标志。物权敏感期的孩子，对自己的东西，有一种强烈的保护欲，在没有得到自己同意的情况下，是坚决不允许别人碰的。父母对孩子的这一生长规律有了清醒的认知，就会对孩子这一时期的行为表示理解，而不是强制孩子将自己的东西拿出来与别人分享，因为这反而会扰乱孩子的成长规律。

那么，有必要教孩子学会分享吗？

当然有必要。人是群居结社的动物，从家庭走进学校，再到步入社会，没有一刻可以脱离社群而存在。他们最早在与兄弟姐妹的相处中就开始学习社群联结，慢慢了解哪些行为可以促进联系，哪些行为会被社群孤立。要想看出一个孩子身上的社会感程度的高低，最简单的就是观察他的入学表现，他是不是做好了适应新环境、结交陌生人、融入新社群的准备。家庭教育里缺失了这一课的孩子，很快会在学校受到打击。

但是，当他从兄弟姐妹手里抢过一件玩具，当他无论如何不肯把一半蛋糕分给小朋友时，妈妈应该怎么做呢？妈妈的脑海里是不是迅速划过"动物性""社会性""适应能力"这些名词，最后一狠心，"今天你必须给我学会分享"。

如果你的孩子不愿意分享，那么你当众指出他的错误，并且因为这一件事而惩罚他，比如强行从他手中把东西夺过来"分享"给其他孩子，或者用扣除后面的其他奖励来作为对他这一行为的惩罚，那不会起到任何作用。他下次要是能记住这次的教训，而乖乖把东西分享出去才怪呢。

那么，究竟怎么满足孩子想要完全拥有某件东西，比如玩具，又引导他心甘情愿地和小伙伴分享呢？

答案是：同样的玩具准备两份。

是的，就是这么简单。

如果我们邀请小伙伴到家里来玩，我都会提前把女儿的那一部分拿出来，告诉她：这是你的！然后指着另一份告诉她：这些是和小朋友们一起分享的，到时候你给大家分，好吗？

比如她爱玩橡皮泥。我先把她那一份给她，告诉她：这是你的，如果你不

"安安还要一片。"

"不可以！你已经有一片了，不能再拿了。"

"姐姐，你吃！"

愿意别人碰你的就大声告诉她"这个玩具我想自己玩"。另外，这里还有一个一模一样的，是你可以和小伙伴一起分享的。你们上次一起合作，用橡皮泥捏了一个特别棒的娃娃，这次你们想一起做一个什么东西呢？满足她的同时也正面强调分享合作带来的好处。

"损失厌恶"是人们的一种天性，我们要学会尊重和理解这种天性。就是人们面对同样数量的收益和损失时，认为损失更加令他们难以忍受。同量的损失带来的负效用为同量收益带来的正效用的 2.5 倍。套到孩子分享玩具的问题上，就是当分享的收益大于独自一个人玩的收益时，分享就会自动产生。我们要学会用有效的方法去引导孩子享受分享带来的红利。孩子在分享中得到了快乐和被夸赞的荣誉感，当这种收益高于损失的时候，他们就能自主选择哪怕是只有一份玩具也愿意和别的孩子一起分享。

最后允许我再啰唆一句，大人世界里的规则也并不是全都不可改变的，具有社会性的人也不可能是从一个模子里打造出来的，如果孩子今天无论如何不想分享他的宝贝，那么请你尊重他，对他说：好吧，我们下次再分享。

丹丹贴士

★ 认识到孩子不愿意分享是自我意识的凸显。

★ 引导孩子分享最简单的办法：同样的玩具准备两份。

★ 不要强迫孩子分享。

情绪管理有办法

01

孩子脾气大怎么办

一天晚上睡觉前，我家的两姐弟照例在床上爬来滚去，弟弟不小心碰到了姐姐，姐姐便踹了他一脚，弟弟不高兴地踹回去，这是隔三岔五就会发生的情况，对此我一般就作壁上观。对踢了一阵，姐姐生气地滚下床去，推门走了，弟弟接着也从床上滚下去，站在房门口大声尖叫起来。我还是不介入，想等他把情绪发泄完。等他叫完了，平复了，我坐到他床边翻开一本绘本，"你来看看这个尾巴是谁的"？他一愣，凑过来，我就顺理成章带着他把这本书读完了。读完之后我再问他："刚才安怎么了？安不高兴了？是因为姐姐不友好吗？妈妈刚才看到是安先碰到了姐姐，姐姐才有后面的动作，所以安不是故意的，姐姐也不是故意的。"

我没有在他俩的争执中当法官，也没有选择跟谁站在一边，继续就事论事："姐姐是安的姐姐对不对？晚上会给你读绘本，给你做饼干，今天晚上还煎了饼给大家吃对不对？我刚才在外面问姐姐是不是对安有意见，姐姐说她也不知道该怎么跟你说更好，所以就出去一下，去喝牛奶了。"

安安这时候已经平静了，所以我可以和他具体谈谈刚才的行为："刚才安为什么要站在门口，像尖叫先生一样呢？是不是叫出来，你心里会感觉舒服一些？"他不作声，我继续说，"安尖叫的时候，妈妈坐在房间里觉得很烦躁，姐姐也很烦躁不想回房间，而且我知道你的心里也不舒服。要不要妈妈告诉你一个别的表示生气的办法？除了学尖叫先生，你也可以说安不高兴了，姐姐那样不友好，安不同意。"

这样的场景可能在很多家庭里都上演过，很多妈妈也跟我抱怨说孩子脾气很暴躁。但是我从来都相信一个道理，一个经常脾气暴躁、不耐烦的孩子背后一定有一个脾气暴躁、不耐烦的主要陪护人。只有妈妈温柔且强大，才能为孩子营造一个最优的养育环境。如果我在安安尖叫的时候严厉地呵斥他，让他停止，解决的只是当下的眼前的问题，而把隐患的种子埋向了未来。所以妈妈们一定不要偷懒，在遇到孩子情绪问题的时候不要指望用"三板斧"快刀斩乱麻。

那应该怎么做呢？具体来说，有以下几个方法。

妈妈们首先要帮助孩子理解自己刚才的情绪是"生气"。

一般来说，男孩的语言能力发育相对于女孩儿来说比较迟，他有时候并不能清楚地辨认、表达自己的情绪，只能用尖叫、哭闹来发泄。

有一本叫做《我的情绪小怪兽》的绘本，主角是一只混合了红、黄、蓝、绿、黑五种颜色的小怪兽，它试着把身体里的颜色（情绪）分开，快乐时是黄色，忧伤时是蓝色，愤怒时是红色，平静时是绿色，害怕时是黑色。作者安娜·耶纳斯用这种直观的方法让孩子们看到自己的情绪。美国小学的墙上常常贴有这四种颜色的纸条，老师会经常提问孩子们，请他们找到自己当前的颜色区域。低年级的孩子因为口头表达困难或是害羞不容易说出自己的情绪感受，但是他们会愿意指出自己的颜色。比如刚刚经历了一场玩具之争的两个孩子，可能会同时指出蓝色和红色，伤心和愤怒兼有。这很正常，人的情绪从来都不是单一的。而用直观的颜色来代替抽象的情绪概念，让年幼的孩子能够比较清晰地表达自己复杂的情绪。

当孩子不再大叫大嚷，而是终于向前迈出一步，指出了自己的情绪颜色，接下来该怎么做呢？

我会尊重和认可他的情绪，找到他产生这种情绪的原因，分析他真正的需求，再慢慢跟他讲道理，讲处理的办法。有些妈妈会把这个顺序颠倒过来，上来先讲道理，那样做的结果通常是你的声音淹没在他的尖叫和哭声里，一点用也没有。

而且有些情况，真的没有那么多道理可讲——气球没抓住，飞走了；水壶的盖子打不开了；想画一个圆，怎么也画不圆……大人眼里小得不能再小的问题，在孩子眼里却是天大的事，大人一再解释说再买、再画不就行了吗？孩子却一句劝也听不进去，因为这些问题在他们看来，是比宇宙还要大、比炸药爆炸还要严重的问题。

没有带过孩子的旁人可以不理解，甚至随便定义"那就是个熊孩子嘛"，但妈妈是每天和孩子相处的人，是多少懂得一点成长规律的人，应该明白孩子有认知局限，碰到一点芝麻绿豆的小事就炸毛，这实在是再正常不过的事，跟着他一起炸了的妈妈才不正常。

而应对的方法其实也就在尊重和认可孩子情绪的过程中。妈妈们学会等待，给了孩子时间、空间去消解情绪，情绪自然而然也就消失了。

朋友家八岁的儿子，调皮任性，被妈妈形容为"难管教、不稳定"，可想而知，两个人常常陷入各种互相"再也忍受不了"的境况。有一次，孩子因为在一个集市活动上没有买到饮料，吵闹了半天，回家路上一直在大哭，朋友因为在暑热天气里奔忙了大半天，实在没力气跟他讲道理了，只能一边开车，一边听任孩子在后座上哭。结果出乎意料，她说儿子确实很有耐力地哭了一路，从开始暴躁地埋怨，到中途音量渐小，不断表达伤心失落之情，最后剩下轻轻啜泣，要求妈妈下车抱抱。下车后妈妈赶快给了他一个爱的抱抱，回到家孩子就完全没事似的玩去了。

在妈妈毫无干预的情况下，孩子痛快地发泄了情绪，随后得到了妈妈温柔的抚慰。八岁的孩子只是比大人需要更多的时间来平复情绪，安定心情，妈妈一路上的沉默，其实是给他的最有效的陪伴。

应对孩子脾气不好，我还有以下几个具体的小建议：

一是坚定地制止孩子的不良行为，比如打人、砸东西。妈妈要温柔而坚定地抓住孩子的小手，告诉他：这样不可以，会把妈妈弄痛。但不要给孩子贴标签——"你怎么这么爱打人"，"这么不懂礼貌"之类的，也不能用打孩子来惩罚他，这只会造成恶性循环。

二是引导孩子用更合理的方式去发泄情绪。比如可以告诉孩子：如果你还是很生气，可以试试去打枕头、撕报纸，或者找个没人的地方大喊几声"我很生气"，这样也许你就会觉得好多了。妈妈生气时也经常用这个办法哦。同时最好能把这些可供发泄的材料递到孩子手里，甚至不妨做一些示范。

三是教会孩子用语言来表达需求和感受。比如：妈妈，我很想吃那个棒棒糖，你不给我买，我非常生气。同时，也要告诉孩子：发脾气哭闹并不能达到你的目的，而好好说话，合理谈判，讲出自己的想法和理由能得到更多的回应与帮助。

　　生活很美好，生活也充满了不易，聪明的妈妈总是这么做：和孩子站在一起，帮他了解自己的情绪，疏导极端的情绪。情绪没有好坏，处理情绪的方法却有好坏之分。在一次又一次的实战中，提高他的情绪自控力，让他慢慢学会把大事化小，小事化了，最后接受自己遭遇的不完美情况。

丹丹贴士

★ 帮助孩子认识、理解自己的情绪。

★ 尊重、认可、允许孩子有情绪。

★ 坚定地制止孩子的不良行为。

★ 引导孩子用合理的方式去发泄情绪。

★ 教孩子用语言来表达需求和感受。

02

孩子撒泼耍赖妈妈怎样接招

"我要喝水。""我要吃这个。""我要买这个。"……这样的话我们在 1~2 岁孩子的嘴里经常听到。这个年龄段的孩子自我认知不断发展，知道了使用"我"这个字，有了自己的想法和意愿，有了自己的主张。当他的要求得不到满足时，他就会通过撒泼耍赖来实现。而大人往往拗不过孩子，最后还是让孩子不够合理的要求得到了满足，这样一来，更强化了孩子使用撒泼耍赖这样的办法。

我们家孩子同样有这个问题。记得有一天，我家老二从幼儿园回来问我要糖吃。我摇摇头，告诉他不可以，糖对牙齿不好。但那天他没有像往常一样被我说服，而是直接躺在地上打滚！

天哪，人生第一滚，为了一颗糖。他边滚边哭边大声喊："要吃糖！要吃糖！"其实那会儿，我特别想笑，一个 1 岁多的孩子在地上滚来滚去，还挺可爱的。等他闹了一会儿，我蹲下来，看着他的眼睛，平静地对他说："不可以吃糖，糖对牙齿不好。"他听了我的话，很失望，哭闹得更厉害了。来回三次，我都是看着他的眼睛温和而坚定地拒绝。到第三次时，我明显感觉到他哭的声音越来越小了，而且有一点点假哭；再仔细看，他趴在地上正偷偷地在看我，似乎已经没有了哭闹的力气。我心里知道，好了，这个事儿解决了，然后抱起他，拍拍他，用一个他平时爱玩的玩具转移他的注意力，孩子就高兴地玩其他游戏去了。

孩子撒泼耍赖很多妈妈都会遇到，不论是在家里还是在外面。那么，遇到孩子这样的哭闹，该怎么办呢？我总结了三个办法：

第一，妈妈要保持镇静，不要一听孩子闹就上火，就对着孩子劈头盖脸一通骂，更不要打他。孩子撒泼打滚就是要闹给你看的，他在用这种方式向你传递信息。你也不要走开，就陪在一边看着他，并且配合肢体语言，告诉他：你的要求妈妈不能满足。

如果是在公共场所，我们首先要把孩子带走，不打扰其他人。找一个安静的地方，蹲下来，看着孩子的眼睛，配合手势，温和坚定地告诉他不可以在公共场所打扰其他人。等他平静了，再回到原位。

第二，如果孩子还是一直哭闹，你可以拍一拍、抱一抱他。这个动作也是在向孩子传递信息：你的要求妈妈不能满足你，但是妈妈能够理解你的情绪，并且允许你发泄自己的情绪。

很多时候，孩子的撒泼打滚就是和你的一场角力，在这个过程中，孩子一定会偷偷地观察你的反应，如果你妥协了，就等于告诉他妈妈的边界是可以不断被突破的；而如果你强硬地不管不顾，又会让他失去安全感。这非常考验妈妈的耐心，同时也考验妈妈的智慧。

第三，在孩子哭闹的时候，不要试图跟他讲道理。因为当他沉浸在自己的情绪里时，所有的声音对他来说都是噪音。等孩子平静下来，再跟孩子讲清楚道理，重申这件事无论如何都不能做，然后用一个能让孩子高兴的游戏或者玩具转移他的注意力。

孩子是天生的外交家，当他撒泼耍赖的时候，其实是在测妈妈的底线，看你什么反应。对于原则性的问题，妈妈们一定要保持镇定，守住底线，让孩子逐渐意识到"撒泼耍赖"是无效的，这个行为就会从孩子的生活中逐渐消失。

丹丹贴士

★ 妈妈要保持镇静，蹲下来看着孩子的眼睛，配合手势，温和坚定地告诉他不可以。

★ 孩子如果继续哭闹，拍一拍、抱抱他，允许他发泄情绪。

★ 等孩子平静下来了，跟孩子讲清楚道理，立下规矩。

★ 用一件能让孩子高兴的事转移他的注意力。

03

如何培养孩子的耐心

　　有的妈妈给我留言，问：4岁的孩子有时候一点儿小事没做好，比如穿衣服老穿不上或者穿反了，就表现出很烦躁，甚至动不动就哭。事后和他仔细分析，他当时听进去了，但是下次遇到类似的事情，还是会表现得很不耐烦，要怎么办呢？

　　其实，四五岁的孩子有这种情况很常见。这里我要向妈妈们介绍一种心理状态，就是"全能自恋"。全能自恋是婴儿早期具备的一种心理，对他们来说，自己哭了妈妈就会喂奶、换尿布、抱抱，全世界都是围着自己转的，只需要一声啼哭就会有爸爸妈妈来帮自己做任何事情。他会得到一个结论，就是我能掌控我的世界，只要我发出需求，这个需求就会得到满足。

　　但随着孩子的成长，他有了探索世界的欲望，具备了自己独立完成一些事情的能力，自我意识越来越强烈，想要自己做主、自己完成，他就会发现，自己的能力和想要达到的目的是不匹配的，自己的行为会屡屡受挫，自己的需求也不一定会被这个世界满足，那么这种挫败感就会导致孩子不耐烦，他要么放弃，要么哭闹。

就像前面那位妈妈说她的女儿穿衣服会穿反或者穿不好——孩子要自己穿衣服，觉得自己能完全掌控这件事，但事实上她还穿不好，这时她就会有沮丧和懊恼的情绪。她其实是在生自己的气："我怎么就做不好呢？！"

我女儿在 4 岁时也经常会因为自己做不好某事而失去耐心，我的经验是：

第一，耐心地告诉孩子，你长大了，妈妈看到你正在学习自己穿衣服或者做某件事的新本领，自己的事情自己做是很棒的，值得表扬。

第二，告诉孩子，每个人学习一个新本领都不是一次就会的，大人在学习新本领的时候开始也经常做不好，往往需要反复地尝试和练习才能习得一个新的技能，这是正常的现象，也是必须经历的过程。所以，你不用生自己的气，也不需要对做这件事彻底失去兴趣。

第三，问问孩子，是否需要妈妈帮忙？然后耐心地帮助孩子把要做的事情进行拆解，把完成这件事情的过程拆解成一个一个的步骤，让每一个环节都能匹配上孩子的能力。

比如穿衣服，让孩子清楚地知道，先怎么穿，再怎么穿，按照什么样的顺序，这中间可能会遇到什么困难，有什么解决的方式。多练习几次，孩子掌握了方法，穿衣服就不是问题了。这个动作非常重要，帮助孩子完成对目标的分解，告诉他们解决问题的思考方式，让他们能够体验到完成某件事的喜悦感和成就感，自然就会对下一次的挑战充满耐心和自信。

最后要提醒家长的是，孩子的主要陪护人在平时生活中处理事情的态度要平和。孩子就是大人的一面镜子。如果，大人在家里在做一些事情的时候经常表现出不耐烦的情绪，那么，孩子在遇到事情处理不好时，也会出现情绪不稳定。

丹丹贴士

★ 鼓励孩子。

★ 告诉孩子每个人学习一个新本领都不是一次就会的，大人也经常这样，所以，不用生自己的气，这很正常。

★ 细分步骤，给予孩子帮助。

04

公众场合孩子爱尖叫怎么办

有一天晚上，我带着老大、老二逛商场，在一家服装店里遇到一个坐在地上不停尖叫的三四岁男孩。他的妈妈大声地训斥着，要孩子停止尖叫，否则就把孩子留在服装店，但孩子根本不听，一直大声尖叫，边哭边说："不要妈妈，不要妈妈。"

最后，这个年轻妈妈真的就走了，留下爸爸束手无策地看着这个一直尖叫的孩子，引来旁人侧目。

孩子会因为某件事情哭闹、尖叫，这在孩子的生长发育过程中是很正常的。因为他还不太清楚如何用言语准确地表达自己的情绪，也还没有学会用更好的办法把他的这种情绪进行纾解和管理。哭、尖叫是这个年龄段孩子最好用的表达自己的"工具"。

但是，当哭闹和尖叫发生在公共场合，会让人觉得特别窘迫，毕竟给其他人带来了干扰，显得孩子非常没有教养。这里有四个办法：

第一，遇到这种情况不要斥责孩子，那只会火上浇油，孩子会叫得更厉害。

"妈妈知道你很疼，我给你揉一揉好吗？"

同时，这也给了孩子一个不好的示范，爸爸妈妈在这样的场合大声吼叫，那么我的大喊大叫也应该是被允许的。爸爸妈妈这个时候需要先让自己冷静下来，克制住自己体内奔涌的洪荒之力，平静地处理孩子的情绪问题。

第二，最好的办法是把孩子带离公共场合，在一个不被人打扰的空间，蹲下来，语气平静地问孩子发生了什么，为什么有这么大的情绪。引导他完整表达出来，然后一起商量解决办法。万一孩子实在不配合离开，也不要暴力拉扯孩子，请爸爸妈妈不用在意周围人的眼光，陪孩子 10 分钟，用平和的态度接纳孩子的情绪。要知道，很多时候爸爸妈妈碰到这样的情况控制不住自己去斥责甚至吼叫孩子，最主要的原因其实还是害怕周围人指责的眼神，害怕他们传递出"这个孩子怎么这么没教养，爹妈是怎么教的"这样的信息，所以寄希望于一刀切地解决问题，让孩子立刻停止大喊大叫，缓解自己内心的尴尬。但这样的处理方式往往会适得其反，爸爸妈妈要相信，自己才是最了解自己孩子、最能解决自己孩子问题的人。

第三，我们家在应对这种情况时，还有一个独特的方法，就是跟孩子约定一个暗号——你要是不高兴，可以拍拍妈妈的手或者做一个青蛙叫，妈妈就知道你这个时候有情绪了，需要帮助了。妈妈们也可以试着跟孩子约定一个情绪暗号，当孩子发出信号的时候，及时做出反应："妈妈知道你要变身喷火龙了，我们一起来看看怎么才能阻止你变身。"此外还可以和孩子约定几个生气时替代大喊大叫的动作，比如跑步、唱歌、想一想最近最开心的事情等。让孩子调整注意力的重心，转移愤怒的情绪。

第四，当以上步骤完成之后，我们再选择适当的时机告诉孩子在公共场合不要尖叫，不要大声喧闹，这跟一个人的教养有关。

孩子的好习惯养成不容易，好情绪的培养难度更大，但其实解决孩子问题的方法都不高深，就看你是否有耐心给孩子做榜样，有耐心坚持你的教育方法。

丹丹贴士

★ 不要斥责孩子，平静地把孩子带离公共区域。

★ 在一个不被人打扰的空间里，蹲下身子，语气平静地问孩子为什么有这么大的情绪。

★ 跟孩子约定一个暗号，用来表达他什么时候有情绪了，需要帮助。

彩旗已经是小学四年级的学生了

CHAPTER

05

入园／入校
适应有办法

01

挑选幼儿园关键看什么

孩子一天天长大，越来越可爱了，该到上幼儿园的年龄了，妈妈们也开始苦恼纠结：孩子上哪一所幼儿园好呢？

3-6岁是孩子心智发育最快的时期，这段时间形成的行为习惯、性格特征、思维方式对孩子的一生都有重要的影响。因此从某种意义上说，幼儿园的教育是在为孩子的一生奠定基础。对孩子来说，幼儿园是他们开始社会交往的第一步，也是他们开始独立很重要的一步，所以我们确实要在这个问题上慎重考虑。

诺贝尔物理学奖得主卡皮察曾说过，他一生中最重要的东西都是在幼儿园里学到的，比如把自己的东西分一半给小伙伴们；不是自己的东西不要拿；东西要放整齐；饭前要洗手；午饭后要休息；做了错事要表示歉意；答应小朋友或别人的事要做到；要多思考，仔细观察大自然……

那么，我们在挑选幼儿园时关键看什么呢？

第一，看幼儿园的理念。比如说，你到一所幼儿园里面，仔细观察孩子们

环境友好的幼儿园让孩子满心期待

的表情。如果他们见到陌生的你大声地打招呼，高高兴兴地打招呼，并且主动介绍自己，邀请你跟他们一起玩，这个幼儿园的理念就特别好。

这些笑容和热情，说明这个幼儿园的环境是安全的，孩子们在这儿没有害怕，内心是放肆的；幼儿园老师的方法是孩子们喜欢的，所以孩子们愿意和人亲近。

如果你进到一所幼儿园，孩子们见到陌生人，眼神呆呆的，没有什么反应；或者说见到你，眼神怯怯的，吓得直往后面躲，不敢主动跟你打招呼，不会笑着邀请你到他们的教室里去看一看，那可以表明这个幼儿园的一些方法应该是束缚了孩子的天性，让孩子们失去了一部分放肆的热情和活力。

从这样的细节入手，我们就可以洞察出幼儿园的真正理念，也就可以给我们的选择提供很好的参考。

第二，观察和了解自己孩子的特点。实际上，我们身边的大部分幼儿园都是比较过关的，但是，不同理念的幼儿园，必须和孩子的特点匹配，才能更加有利于孩子的健康成长。所以，父母了解幼儿园的目的并不是要挑最好的、最卓越的，而是要选最合适自己孩子的。但是大部分父母并没有真正了解孩子的特点，有些孩子很活泼很开朗，有些孩子很害羞很内向……每个孩子都有自己的独特性。所以在选择幼儿园的过程中，了解自己孩子的特点就成了选择幼儿园的第二个基础，离开了这一点，只是一味选贵的或者便宜经济的，理念先进的或理念保守的，就都显得毫无意义。所以，就需要父母用心去观察和了解自己的孩子，他们是什么成长和发育水平，各方面的能力是否能与你选择的幼儿园匹配？根据孩子的成长情况和特点来选择幼儿园，会更加适合孩子。

第三，看幼儿园离家的距离。孩子的接送是非常实际又具体的事情，一周五天，每天两趟接送。早上送孩子去幼儿园还好，家长上班途中可以带过去，无非是大人早一点起。但幼儿园每天放学的时间跟家长的下班时间基本是不匹配的，很多幼儿园都是下午5点就放学了，而这个时间，有工作的父母根本就走不开，所以非常让父母头疼。如果偶尔一天晚一点接孩子，孩子可能并不会产生什么不良的情绪，但如果每天你都是最后一个去接孩子，孩子一个人坐在教室里看着小伙伴一个个被父母领回了家，心里会产生一种被遗忘的落差。这可能会让孩子产生一些负面情绪。

当然，有的父母会说，没关系，我不能接送，家里的老人可以。

对于老人负责孩子的接送问题，我建议年轻的父母要客观理智地看待。我带着孩子在小区里散步的时候，经常会听到负责接送孙辈上、下幼儿园的老人埋怨，说感觉接送孩子上、下幼儿园是一场马拉松，中间不能停，也没法停。三年幼儿园下来，天天接送需要付出很大的精力。老人觉得被完全绑死了，加上还要买菜做饭，时间一长就觉得特别疲惫。而且这也让他们没有时间跟自己的朋友聚会，老人自己的生活完全被剥夺了。这种疲惫的情绪长时间地积压，很容易一点就着，从而演变成家庭里一个很大的矛盾隐患。所以一定要综合考虑家中老人的年龄、身体状况、性格，根据老人的实际情况来决定是否由老人接送孩子。老人是来给我们帮忙的，如果因为我们选择的幼儿园太远，让接送孩子的辛苦程度超过了他们的承受能力，是不可取的。

所以，选择一个离家近的幼儿园很关键，既可让孩子有充足的睡眠时间，也能减少父母和老人的负担，家庭也更容易和睦。

第四，我们需要通过各个渠道了解幼儿园的更多细节。比如可以通过对幼儿园园长的了解来判断这个幼儿园是否值得去。即便这家幼儿园硬件设施有些陈旧，一个心里有爱、做事有方法有原则的园长也可以带着老师们一起把这个幼儿园变成孩子们的天堂。那怎么知道这个园长是不是一个好的园长呢？

一方面，你可以多去跟大班孩子的妈妈聊一聊，她们的孩子在这个幼儿园的时间比较长了，了解的情况会相对比较全面。另一方面，你也可以直接去跟园长聊天，提前准备些具体的难办的问题去问园长。你可以从园长的回答中看出园长的理念，判断园长做事是不是专业和细致。

总之，世界上没有完美的幼儿园，因为每个幼儿园都不是为某一个孩子量身建造的，所以我们在选幼儿园这件事情上要抓住重点，放弃面面俱到的完美主义，把理念友好、符合孩子特点、距离合适等几点确定了，为孩子选幼儿园这件事就可以轻松应对了。

丹丹贴士

★ 幼儿园的理念要友好，能保护孩子的天性。

★ 观察和了解孩子的特点。

★ 尽量选择离家近的幼儿园。

★ 了解幼儿园的园长。

02

孩子一直说不想去幼儿园怎么办

一般来说，孩子上幼儿园的普遍规律是第一个星期会因为出现分离焦虑而容易哭闹，此时孩子要面临很多新的变化，而且要自己适应各种变化；第二个星期还会偶尔哭，但频次会有所降低，因为孩子已经逐步适应了新的变化；第三个星期基本上就不怎么哭闹了，新环境、新集体的各种好处开始让孩子喜欢幼儿园了；第四个星期开始，孩子一般就完全适应，能够快速跟爸爸妈妈再见，飞奔着跟幼儿园的小伙伴玩去了。但是也有一部分孩子长期适应不了，一直陷入那种每逢送幼儿园就撕心裂肺哭喊的状态中，所以很多家长为此非常苦恼。

如果孩子在初入幼儿园的第一个月内频繁地说"我不去幼儿园""我不想去幼儿园"，这是很正常的。因为他们要离开熟悉的环境，离开熟悉的家人，到一个陌生的环境里去，心里必然会有些害怕。他们需要时间做好准备。

但是，如果出现孩子在一个月之后甚至两个月、三个月之后还是不肯去幼儿园，或者孩子已经上了将近一年的幼儿园，突然持续一个星期天天说不去幼儿园这两种状况，家长需要给予高度的重视。

家长在育儿的过程中，不能只盯着结果看，或者只关注如何改变结果而不关心孩子行为背后的动机和原因。只关注结果，不关心动因，可能是我们始终陷在育儿困境中无法摆脱的症结所在。

我们第一步就要去了解，到底发生了什么。

问题是，很多时候孩子因为年龄小，表达能力还不是特别强，无法用语言说清楚发生了什么，只会用哭闹的方式来表达他的意见："我不去幼儿园，就是不去幼儿园！"情绪越强烈，越意味着他遇到的事情或看到的事情给了他强烈的不舒服的感觉。

是和老师之间发生了什么冲突？是和小朋友之间发生了争吵？还是在来回的路途中发生了什么？家长首先需要找到孩子不愿意上幼儿园的原因。

我家老大上幼儿园时，我有一个习惯，就是每天晚上在她睡觉前聊一聊今天她在幼儿园觉得有意思的事，我也说一说我今天在工作中遇到的有意思的事。这样，我能知道孩子在幼儿园过得怎样，是否心情愉快，从而尽早发现可能对孩子产生伤害的苗头。所以，找到和孩子敞开心扉交流的方式，才是发现孩子所有行为动机的关键。

从孩子觉得最有兴趣的事情开始聊，这样他们会有说不完的话。但有一天晚上她突然不肯说幼儿园的事，还说明天不想去幼儿园了。问她为什么，她又不肯说。

沟通陷入僵局。怎么办？来，变个魔术。妈妈把自己变成最佳女演员，合理虚构一个可能导致孩子产生类似情绪的场景，看看是否能让孩子产生共情，然后愿意说出原因。

于是，我说今天我也有一点儿不高兴，因为在工作中有一个同事跟我起了冲突，他当时的处理方法让我不太能接受，他不是客观表述事实，而是声音特别大地冲我吼叫，然后摔门出去。我觉得这个行为是不礼貌的，所以不太高兴。

我虚构这个情景其实是想告诉孩子，大人也会遇到不高兴的事。然后，我还仔细描述了我当时的感受。我说，当时对方的吼叫让我特别害怕，他摔门出去后，我一个人在会议室待了很久才平静下来。

果然，我的讲述让孩子有了共鸣。她突然就说："是的，我今天在幼儿园也和你一样。我和同学都想玩一个玩具，他突然很大力气地推了我一下。我都被推倒了，坐在了地上。我不想去上幼儿园，我不想去见他，不想。"

孩子在我的这个虚构描述的引导下，把在幼儿园发生的让她不愉快的事，以及那个让她不想去上幼儿园的原因说出来了。了解到这一点后，我们才能找到舒缓孩子情绪和解决心理障碍的方法。

如果通过这种聊天我们还是无法知晓实情，孩子依然强烈地表示不肯上幼儿园，那我们就先尊重孩子的意见，不去幼儿园，带着孩子上班或者让孩子在家里玩。让孩子明白，爸爸妈妈是站在他这一边的，爸爸妈妈是他可以信赖和依靠的。

等孩子情绪相对稳定之后，再跟孩子玩一些角色扮演游戏来继续寻找孩子一直不肯上幼儿园的原因。

角色扮演游戏主要考虑三个场景、三种关系：一是幼儿园里孩子和老师的关系，看是不是孩子和老师之间起了冲突。让孩子当老师，你扮演没有遵守纪律或者捣乱的孩子，看各种情况下"老师"怎么反应。二是看幼儿园里孩子和孩子的关系。妈妈扮演班上一个调皮的同学，看孩子是不是很害怕，从而推断是不是被同学欺负了。三是看孩子和接送人的关系。妈妈和孩子可以模拟幼儿园接送途中发生的事，看是不是这些事让孩子不愿上幼儿园。这都是为了找到孩子行为背后的原因和动机。

在跟孩子沟通的同时，我们要专门找个时间去跟老师聊一聊，问题可以细致一点，毕竟孩子多，老师有些事想不起来，需要多角度地提问来激发老师的回忆；还可以去跟班上的孩子聊聊天，从他们嘴里看看是否可以发现些蛛丝马迹；或者和同学们的妈妈聊一聊，请她们帮忙问问自己的孩子，是否发生了一些特别的事情。

通过以上方式，如果最终发现是孩子自身的原因，那就耐心陪伴孩子一起调整和适应；如果是幼儿园的一些做法让孩子不能接受，那可以考虑换个幼儿园。当然，如果发生了很严重的事情，给孩子造成了极大的身体和心理伤害，那我们应该马上去找园方，申请一起看监控录像来评判是非。在这个过程中保留好音、视频证据，合理合法地解决问题。

丹丹贴士

★ 想办法了解真实原因，比如虚构故事进行引导或玩角色扮演游戏。

★ 耐心陪孩子适应和调整。

03

如何做好幼小衔接

幼小衔接指的是幼儿教育与小学教育的衔接。本来这是比较常规的一个阶段，但是在很多辅导机构的宣传鼓吹下，一种焦虑的情绪广泛蔓延，妈妈们一提起幼小衔接就焦虑、恐惧。而这种焦虑和恐惧，如果不去理性地看待分析，并且找到行之有效的应对方法，就会给孩子和父母都带来不必要的压力。

我非常理解妈妈们的焦虑，这种不敢输在起跑线的焦虑，根源在于我们国家巨大的人口基数下，独木桥式的高考竞争，越来越高的录取分数线，越来越不明确的未来。虽然高考成绩、大学专业和未来稳定的生活、有前途的职业根本不能画上等号，但是妈妈们不知道还有哪条路更明晰，出于"要对自己的孩子负责"的态度，几乎没有哪个妈妈敢懈怠，敢放慢脚步，让孩子晚一年再说。

2021 年 4 月，针对长期以来存在的幼儿园和小学教育分离、衔接意识薄弱、过度重视知识准备、衔接机制不健全等问题，教育部印发了《关于大力推进幼儿园与小学科学衔接的指导意见》，要求全面推进幼儿园和小学实施入学准备和入学适应教育，小学严格执行免试就近入学，幼儿园不得提前教授小学课程内容，校外培训机构不得对学前儿童违规进行培训等。

从我个人的经验来看，我完整地陪伴女儿从大班到幼升小面试，再到一年级的过渡，可以负责任地告诉大家，幼小衔接要高度重视，但是真的不用额外花钱让孩子去上任何幼小衔接班。幼小衔接班一般来讲学这几个内容：一个是计算，一个是书写，还有一个是拼音。这三个内容都是要通过坐在那儿反复地练习，才能够达到熟练掌握的程度。实际上是把小学一年级的内容提前做个学习，让孩子在上一年级的时候不至于因为别的孩子已经学了相关内容而跟不上。这其实是一种不必要的"剧场效应"，就是看电影时第一排的人站起来了，导致后面的人也不得不站起来，本来大家可以一起坐着看电影的，结果都不得不站着看完电影。

孩子在幼儿园结束后的这个时间段，最需要的还是到外面去玩，让孩子去跟其他孩子交往，给孩子多争取几个月的疯玩时间，比坐在一间小屋子里，听一个叫老师的人在前面讲要好得多。

妈妈们最关心的幼升小的语文、数学、英语启蒙，这些其实通通都是妈妈在家里就可以带着孩子完成的。那怎么让孩子养成好的学习习惯以及完成基本的学习启蒙呢？

一方面，家长要高度重视。幼小衔接是一个特殊的阶段，孩子要从以游戏为主的学习方式转变到以集体授课为主的学习方式，这中间有很大差异。如果家长没有意识到这个阶段的重要性，就不会有意识地引导孩子来科学地度过这一阶段，或者就会用最简单的办法，花钱送孩子去上幼小衔接班来解决问题，却忽视了这类培训班有违孩子生长发育的规律，并且可能抑制孩子的学习兴趣。

另一方面，帮助孩子养成良好的学习习惯。对小学一年级的学生来说就是能够好好坐在教室里，认真听老师讲课。

所以，妈妈在家里做的幼小衔接准备有四个目标，就是要让孩子"起得来，坐得住，听得懂，说得出"。具体怎么做？

首先，需要让孩子知道：要准备上学了哦，上学第一件事，要准时，不能迟到，所以建议在孩子入学前、幼儿园毕业后的那个暑假，调整他的作息时间。我家女儿养成的习惯是九点睡，第二天早上从来不要喊，自己爬起来。临睡前，不要唠叨，哪怕孩子有做得不对的地方，也要让他保持好心情入睡。我还有一个小窍门，把家里的钟提前 15 分钟，包括墙上挂的、手上戴的、电脑、手机，所有看得见的时间，全都提前。如果其他方法你都试过但没有效果，这个办法可以试一试，一个多月应该就能解决孩子起不来的问题。

训练"起得来"的同时，教孩子时间管理也是必要的。我在前面的章节里提到过：我平时做工作计划表的时候会做两张，第一张是脑子里想到就记下的；第二张是经过筛选和判断后认真安排的。比如经过理性筛选后，我把难办的事挪到上午，精力最充沛的时候，一鼓作气去解决。女儿也模仿我的样子，给自己的暑假列了两张计划表，完成一项就打一个钩。入学前，她已经能做到不管一天的活动多复杂，都能安排得井井有条。

另外妈妈们还可以和孩子一起做一张"To Do List"计划表，列表的时候注意把事情分成"想做的"和"该做的"两大类，然后再标注出"紧急的"和"不太紧急"的，做成表格后一目了然。我有一个小建议，就是不要把每一项任务的时间卡得太细，否则孩子一旦有一项完不成，会产生挫败感，进而推翻整个计划表。

第二步，培养阅读习惯，做好环境创设，让孩子"坐得住"。有些妈妈拿着计时器，每天让孩子坐 20 分钟，这么刻意训练的效果并不见得好。我家的小男孩不到三岁，每天晚上看十本绘本，他不识字，我就一本本读给他听，这样就通过阅读逐步养成了坐得住的习惯。

此外环境创设也非常重要。环境创设是蒙台梭利教育理论里提出来的，本来用于幼儿园的环境布置，指在公共空间里，用孩子和老师的手工作品刻意营造出来的适合孩子观察、学习、讨论、动手的环境。女儿入学前的那个暑假，我们一起添置了书桌、小书架、小椅子，让她挑选了自己喜欢的本子、铅笔、橡皮擦，还一起布置了一个学习角。硬件的布置要注意整洁干净，桌上和学习角附近没有多余的东西，避免让孩子分心。接下来，我们每天在学习角玩老师和学生的游戏，女儿扮演老师，教妈妈"上课回答问题要举手"等课堂规则；听字游戏也很受欢迎：听到水果举左手，听到动物举右手，等我们把词语增加到 100 个时，她的注意力已经高度集中了。

一开始，这样的游戏课时间不用太长，大概 10 分钟就可以，等孩子慢慢能坐得住了，再延长到 15 分钟、20 分钟。另外，家长在设计这个游戏课的时候多用点心，讲的内容要孩子感兴趣，每隔 5 分钟就设计一个和孩子互动的游戏。总而言之，这个游戏能让孩子明白上课前要上完厕所，要喝水，上课的过程当中不能随便站起来；要提问了需要举手；妈妈讲的时候要集中精力听，才能够回答妈妈的问题。这样在游戏中孩子的学习习惯就得到了培养。

孩子能坐下来后要不要学语文、数学？我的建议是数学只要让孩子学会认识数字，在生活里会算二十以内的加减法；语文在保持常规阅读的基础上，如果他对汉字感兴趣，带他用手指描一描字就行了。拿笔写字都算超前，孩子的手部肌肉、骨骼都稚嫩柔软，写字这么精细化的动作只会让他喊疼，拒绝写字。总之，坐下来学的一切都不要违背孩子的天性和发育特点。

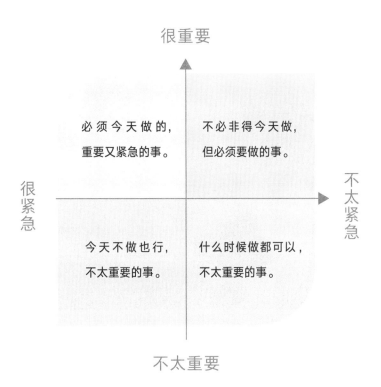

第三步是"听得懂"，课堂认真听讲是关键。为什么需要特别强调听得懂？我采访过很多高考状元，大部分人给出的诀窍都是认真听讲，把课堂消化放在第一位。我们需要厘清一个认知上的误区——多学和提前学实在是个误人子弟的坑。如果孩子在幼小衔接阶段因为过度学习，造成了对上课没兴趣、走神听不进去，那比不学还要糟糕。脑科学研究显示，孩子接受外部刺激越多，神经元联结的数量就越多，但同时，人的大脑也像一个剪裁师，如果过早过多地灌入知识，大脑里的神经元就会保留经常受刺激的部分，剪掉不经常被刺激的联结，这样孩子大脑的无限发展也就被摧毁了。所以，从进入小学就学会认真听讲，这是让孩子持续保持优秀的最重要的条件。

让孩子注意听，父母也要学会倾听，当孩子说话时，要盯着他的眼睛听他

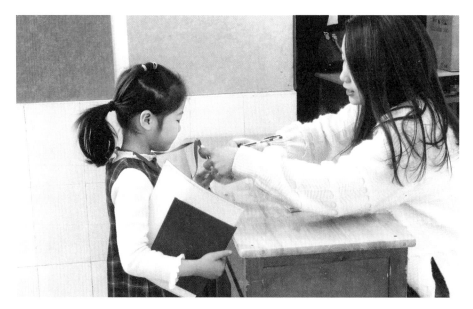

彩旗参加小学面试

说，不要插话打断，还要不时地进行回应，孩子也会在父母的态度里学会认真倾听。父母还要改掉唠叨的毛病，美国心理学家赫尔研究发现，某个刺激因反应次数增多，个体的反应强度反而会减弱，也就是"反应抑制"。如果孩子总是处于唠叨的家庭环境，就会产生"听觉抑制"现象，大脑产生一种自动屏蔽功能，也就是我们经常说的，"左耳朵进，右耳朵出"。

第四步的"说得出"包含两层意思：遇到问题要敢于说，在学习上要表达得出。小学和幼儿园的环境区别挺大，刚入学的孩子需要适应走出教室去解决问题，所以父母首先要教给孩子的，就是遇到问题要提出来，要勇于向别人求助。

接下来是表达能力，在5~6岁幼小衔接关键期，孩子的语言表达应该达到怎样一个标准呢？我总结了四个方面：第一，能够使用普通话，发音基本标准；第二，能够清晰连贯地表达观点或描述事物；第三，能够运用形容词、同义词，让语言表达更加生动有趣；第四，能够参与集中讨论，具有当众发言的胆量。你可以用这四个标准来检测一下，看看孩子的语言表达能力是否达标。

这里顺便回答很多妈妈问过的要不要上口才训练班的问题。我坚决反对上口才班，孩子的倾听、表达能力取决于在家里父母给不给他说话的机会，如果没有这一点做基础，上任何口才训练班学来的不过是一堆鸡毛蒜皮的技巧。日常生活里和孩子聊聊有趣的事，看图说话让孩子编故事，故事续编让孩子成为创作者，这些都是妈妈可以教的"口才课"。

在"说出来"的教育里，普通话是否标准是最不重要的，方言区的农村孩子入学后也能说一口流利普通话，跟着视频练习也能说一口标准的英语。在孩子说得出这件事上，更重要的是听妈妈怎么说、说什么，妈妈温柔的、亲切的声调，冷静的、有条理的表达，天然地会引起孩子的模仿学习。

幼小衔接并不难，妈妈们在家里给孩子上好四堂课，自己放松心态，孩子也会感受到入学是一件非常自然的事，会非常乐意地背上小书包，高高兴兴地走进课堂，开启他人生的一个新篇章。

丹丹贴士

★ 调整孩子的作息时间，让孩子"起得来"。

★ 培养阅读习惯，做好环境创设，让孩子"坐得住"。

★ 模拟课堂，让孩子懂得上课要认真听讲。

★ 教孩子有问题要勇敢说，并且能够"说得出"。

04

五花八门的兴趣班应该怎么选

孩子上了幼儿园之后，大都或多或少地参加了一些兴趣班。兴趣班的选择是个难题，所以也是很多家长特别关注的一个话题。家长选择兴趣班一般出于三种原因：

第一种是我觉得他要去学。

第二种是别人学了，我也要学。

第三种是孩子自己想要学。

当然，现在越来越多的家长把孩子想学放在第一位，但也不是所有的家长都是这样做的。我有一个同事给她女儿报小提琴班，在这上面投入了很多精力和金钱，每天接送不说，还要经常送她去国外参加音乐夏令营等。因为练琴很枯燥，很辛苦，孩子经常感到烦躁，不愿意学。相比较之下，跆拳道等运动项目是她女儿非常喜欢的，不管天气多热、上课多累，她都愿意去学。

同事为此感到苦恼，说："女孩子学什么跆拳道！"

我说："但是孩子自己有兴趣啊。"

她还是不认同："女孩子怎么会痴迷这样的项目？"

我就很直接地跟同事说："因为她痴迷的不是你要她痴迷的，所以你就强行让她选你喜欢的项目。但是你看这样的效果并不好，你们的亲子关系也闹得很僵，甚至都影响到了家庭关系。"

实际上，家长喜欢和孩子喜欢之间常常因为各种原因而错位。可能很多家长认为孩子不会对某种东西持续感兴趣，他在学习的过程中总会出现反复。那我其实是在让他学会坚持。这是一种很强大的心理暗示，会让家长不惜动用武力。其实，这只是一种自我欺骗，因为孩子是否有兴趣，家长细心观察很快能得到答案。如果要动用武力，这个事情就变成了一场权力之争，就是谁有权力决定上什么兴趣班？是掏钱的家长，还是要去学的孩子？强迫是兴趣的天敌。实际上不管什么兴趣班练到深处都辛苦，家长的责任就是如何让孩子辛苦而不痛苦，让孩子把兴趣有效地延续下去。

所以，我个人认为选择兴趣班的第一个原则就是：孩子的兴趣第一。但是孩子的兴趣会经常变化，所以孩子真正的兴趣的发现和认定，需要建立在家长平时对孩子细心观察的基础上。

我曾经帮女儿报过一个舞蹈班，因为我们发现孩子两岁的时候听到音乐会跳舞。但是孩子学了两年之后说不想学了，我问她为什么，她也不愿意讲。其实，我在平时的观察中也知道一些原因，就是老师的教学方法可能还是有一些问题。有些兴趣班的老师上课很着急，教学过程中会对孩子说一些侮辱性的语言，而且有时候也会提一些不切实际的要求。所以孩子对此产生抵触并不完全是因为没兴趣或坚持不下来。

我们知道，兴趣班对 80% 的孩子来讲只是培养一个兴趣爱好，偶尔有一两个极有天赋又兴趣符合的孩子是可以作为专业培养的，但是这种孩子少之又少。如果我们碰到的是一个不懂教育心理学的老师，他就不能有效地分辨这两种情况，会用一种机械的严格准则来苛求所有的孩子，这会让孩子产生很大的心理压力，兴趣也会慢慢被消磨掉。

所以我们经过认真观察以及和女儿的沟通，果断停了这个舞蹈班。

后来，我们又发现女儿对音乐表现出了极强的兴趣，所以就考虑让她去学习钢琴，正好她也到了学习钢琴的最佳年龄。当然，我们也很慎重，因为学习钢琴的过程也是非常辛苦甚至有点枯燥的，尤其是前期的乐理知识学习，是比较难的。我考察了本地几乎所有的钢琴培训机构，查了各种资料，买了很多书来看，和其他学钢琴的孩子的妈妈们进行交流，最后找到一家台湾的培训机构，他们通过游戏的方式帮助孩子掌握乐理知识。女儿坚持了一年，在游戏的过程中掌握了乐理知识，学习钢琴的第一个难关就解决了。

接下来我们也没有马上急着帮孩子报更高级的钢琴班，而是先带着孩子去试了很多课，让她感受不同老师的风格，再做出自己的选择。所以，真正尊重孩子的兴趣并不是随便听从孩子的，而是根据家长对孩子的观察，让孩子做出慎重且认真的选择，才不至于和孩子之间产生错位，也不用浪费不必要的时间和精力去胡乱试错。

第二，挑选合适的老师很重要。在选择老师这件事情上，父母需要做很多

"妈妈，明年，明年我就能自己游，不用戴着臂圈下水了！"

功课，绝对不能随波逐流，不是最出名的老师就最适合自己的孩子。在选择老师之前，父母一定要和老师进行沟通，要让孩子多试课。什么样的老师是有想法的？什么样的老师是了解孩子的？什么样的严格程度才是适合孩子的？这些问题都需要家长去认真研究。比如老师当然需要严格，但是在培养孩子兴趣的阶段，严格要藏在兴趣后面。老师一定要想方设法调动孩子的兴趣，因为很多兴趣班的刻意练习本身就是非常枯燥的。

因为我们对选老师很慎重，所以很庆幸给孩子找到了一位合适她的钢琴老师。几年下来，虽然孩子没有表现出往钢琴家发展的趋势，因为她的天赋并没有那么出类拔萃，但是她对钢琴的兴趣和对音乐的兴趣有增无减。在她人生中没有错过与音乐的交往。在兴趣问题上，帮孩子找到好的入门和启蒙老师，并且帮助他坚持下来，我们作为父母就算尽到了应尽的义务。

第三，兴趣班不能贪多。现在很多家长把孩子的业余时间安排得很满，这是很恐怖的一件事情。一个孩子一周七天，天天都要上兴趣班，那这个孩子连发呆的时间都没有，更没有一点自己的空间。实际上，这些家长犯了一个贪多求全的错误，其背后的原因是不会对兴趣班进行分类。要解决这个问题，应该学会把门类分清楚。比如有的孩子既报了书法，又报了绘画，还报了沙画，但其实这几个都属于书画艺术范畴，家长完全可以选择其中一种来让孩子学习，留点时间给他玩游戏。

不是每个人都能成为科学家、音乐家，但每个人都可以成为一个幸福的人，一个心地善良的人，一个有终身学习能力的人。如果为了短期利益的学习，而牺牲掉孩子一辈子的学习能力的话，这是得不偿失的。

第四，适当的运动类的兴趣班对孩子的成长非常有益。

哈佛大学医学院教授的临床医学研究成果表明：运动让人聪明。运动会让脑细胞之间的连接变得非常活跃，让脑子越用越活。运动能促进前庭器官的发展，提升专注力。比方说孩子不愿意写作业或者写作业的时候注意力不集中，你让他出去运动一会儿，回来就会好很多。

运动还会让人心情愉悦。在运动的时候，大脑能促进分泌"快乐因子"——多巴胺，所以运动完之后，人会感到身心愉悦。

户外运动能够有效防止近视。现在中国儿童的近视率居高不下，很大一部分原因是现在的孩子户外运动时间不够。科学研究表明，每天在户外运动两个小时，孩子患近视的可能性将大大降低。

所以，在孩子体力允许的范围内，应当优先考虑运动类的兴趣班。但切不可因为孩子喜欢运动，就给他报很多运动类兴趣班，让孩子精力和体力不支，影响正常的学习和生活，那也是得不偿失的。

2021年7月24日，中共中央办公厅、国务院办公厅印发了《关于进一步减轻义务教育阶段学生作业负担和校外培训负担的意见》，严格规范学科类培训机构的同时，鼓励有条件的学校在课余时间向学生提供兴趣类课后服务活动，供学生自主选择参加。这个导向就非常明显了，把孩子从占据了他们大量时间和精力的补习刷题中解放出来，去寻找和发展自己真正的兴趣，去点亮自己的天赋，也只有这样，孩子才能真正成为孩子，成为一个完整的人。

丹丹贴士

★ 孩子的兴趣第一。

★ 挑选合适的老师很重要。

★ 兴趣班不能求全，可以根据门类选择。

★ 适当的运动类的兴趣班对孩子的成长非常有益。

05

孩子不想写作业怎么办

"一年级孩子，作业都会做，就是不愿意提笔写，各种要赖打滚，应该怎么引导？"这是在我的直播间里经常被问到的问题。我想对各位妈妈说，一年级不愿意写作业太正常了，没有哪个一年级的孩子非常乐意写作业，那根本就不符合孩子的天性。所以各位妈妈一定要放宽心，你的孩子一点问题都没有。

可是怎么办呢？作业要签字要拍照要打卡，不写的话老师那里怎么交差？妈妈是可以板着脸压着他在那里完成，结果也显而易见，要么他写了什么自己都不知道，要么五道题错四道，你气得不行，他也一肚子火，说妈妈真讨厌。

在找到办法之前，我们先来分析一下孩子为什么不愿写作业。

一年级孩子不愿意写作业的一个重要原因，是对他来说完成作业有难度。2019 年，全国统一使用部编版小学《语文》教材，在有多年语文教学经验的老师们眼中，这个版本的《语文》教材难度是比较大的。所以一年级期末语文孩子考了七八十分的妈妈一定不要焦虑，你孩子的语文成绩，换作以前版本的教材，就是八九十分了。一年级上学期学写拼音还好，写汉字对于六七岁的孩子来说实在是太不容易的一件事，他们手部的肌肉没有发育到位，写字需要的控制力、协调能力都还在发展，写不好写不动太正常了。妈妈们有没有发现一年级的孩子写字喜欢整个身体趴在桌子上？你提醒他，过一会儿他又趴下去了。这是因为他的手没有力量，需要用到全身其他部位的力量来帮助。

我女儿一年级写着字经常会喊"妈妈，我手疼"，我就会给她的手按摩按摩。我知道这个规律，所以从来不逼她一次写 10 个以上的汉字，我们家从来没有干过因为一个字写错就重复写 100 遍那样的蠢事。我总说你写 3 遍、5 遍就够了。每次写完作业，我还会主动问她："需不需要我给你按摩一下？"

有了这个认知，妈妈们对于一年级孩子不愿意写作业就会淡定一点。同时，如果妈妈们还能智慧一点、温柔一点，用游戏的办法敦促孩子完成作业，而不是板着脸化身喷火龙，那么因为陪娃做作业而造成的"腥风血雨"就能少一点。

具体来说，我的办法是：第一，孩子写我也写。"你写三个字，妈妈也写三个。"女儿一年级学习汉字书写时，我买回来两本字帖，孩子一本，我一本。这样让她觉得自己不是一个人在孤单地完成这项任务，不是其他人都在休息娱乐，只有她在苦闷地做作业。写每一个汉字时，她先按上课时老师的讲解给我讲一讲，通过这个方法让孩子在脑子里把这个汉字书写的要点复习一遍。然后我来写一个，慢慢写，边写边复述写字的笔顺以及书写的要点，让孩子再巩固一次，最后才是孩子动手写。这样，既保证孩子掌握了这个汉字书写的要领，又不会损伤孩子书写的热情。这才是妈妈陪着写作业的正确打开方式，而不是妈妈在旁边盯着，或者刷手机，一发现孩子做错就大发雷霆，怒吼一顿。

第二，孩子写错了或者写不好，我绝不会训斥她"你怎么写得那么差"，一次都没有过。我只会跟她说："作业真不容易啊，你看这个字这么多笔画，田字格里总也摆不好。妈妈小时候也写不好，没关系的，明年就好了。要不要妈妈给你示范一下？"我会耐心地跟她讲字的结构、起笔在哪里、笔顺怎么写，给她示范，而不是让她反复写。这样总是鼓励，总是陪伴，孩子特别高兴，对写字这事就一点都不犯难，更不会排斥。二年级的汉字笔画更多，更难写，那么复杂的字写到一个田字格里，别说孩子写不好，我们自己试试看？家长自己动手试试，就知道哪个地方难写，就能有针对性地辅导。你开口就骂人，那是很蠢的行为。我曾经拿女儿一年级和二年级的字给直播间里的妈妈们看过，进步很明显的，所以一年级时千万不要在孩子写字这件事情上纠结。

第三，妈妈需要想办法帮助孩子灵活地拆解，完成写作业的任务。如果是作业太难不会做，妈妈需要先帮助孩子复习知识点，注意不能吼，越吼越不懂。同时拆解作业的任务，把看起来庞大艰巨的目标任务化解成几组，每完成一组，就休息一小会儿。这样既可以有效减少孩子的畏难和抵触情绪，同时也符合孩子的生长发育规律，六七岁孩子的专注力只能持续15分钟左右，写15分钟休息5分钟，实际上能更有效率地完成作业。妈妈陪孩子做了一段时间的拆解之后，孩子自己慢慢地就习得了这个方法。妈妈们这时候会发现，原来不用陪写作业是这么美好。

第四，一二年级最重要的不是成绩排第一，而是要调动一切手段激发孩子学习的兴趣。妈妈们在孩子写作业的问题上不要太过于教条，规定他每天必须在什么地点什么时间完成多少页的练习题。那一定对保持孩子的学习兴趣没有帮助。很多时候，激发孩子的学习兴趣就藏在日常的小细节里。我举个例子，疫情期间我们住在乡下爷爷家，有个院子，有一天难得出了大太阳，春光明媚，惠风和畅。姐姐在她的书桌前写作业，平常她都是在这里写完作业才出去玩的。但是那天姐姐有点情绪，觉得弟弟去楼下玩了，自己也想去，但又纠结今天的任务完不成怎么办。我说：今天天气这么好，你要不要坐到院子里去写？对，我们就在弟弟铺在树下的那块垫子上写作业。但是弟弟在旁边玩，你写作业会不会被干扰？她说不会，我说那就来吧。她特别高兴，抱着作业下来了，自己用书垫出一个小桌子，在垫子上高高兴兴地把当天的作业写完了。

另外，苏联心理学家维果斯基有一个"最近发展区"理论，认为孩子的发展可以分为两种水平：一种是孩子现有的水平，就是他独立活动时所能达到的解决问题的水平；另一种是孩子可能发展的水平，也就是通过教育所获得的潜力。两者之间的差异就是最近发展区。我们所有的教育都应着眼于孩子的最近发展区，为孩子提供他踮一踮脚能够完成的任务，调动他的积极性，发挥他的潜能，从而超越这个最近发展区而达到下一发展阶段的水平。

这里面的关键核心就是要给孩子设定努力就能完成的目标，去调动他的积极性，激发他学习的兴趣。

我还想要强调的一点是，在小学阶段，坐得住，听得进老师授课内容的能力对于孩子来说非常关键。中国目前的教育方式，不管是公办还是民办的学校，绝大多数还是以老师课上讲解为主，而孩子能否跟着讲授节奏走、能否消化吸收课堂上的内容，才是决定学习效果的最重要因素。很多家庭搞反了，不注意观察孩子上课是否好好听，而是忙着下课后送到各种辅导班、培训班去补习，去做大量的练习，这实在是一件低产出的事情。孩子疲于奔命，学的东西来不及消化、吸收，就又被塞进去一大堆，总是似懂非懂会导致基础不牢，基础不牢就一定成绩不佳，进而没有学习自信心，会觉得自己很笨，怎么就是学不懂、考不好。一次一次，孩子的学习信心和兴趣在超纲与超负荷中被打击得为零，那他就一定会讨厌学习，逃避学习。

所以我在女儿上学后，对她讲得最多的也是：一定要认真听讲。你听懂了，吸收了，至于回来怎么安排自己的作业，什么时候完成，你自己决定；你今天觉得状态不太好，或者今天有小伙伴在等你，那你就出去玩，不是非要在此时此地完成作业。我只有一个原则，今日事今日毕就可以了。

我知道现在家长的压力非常大，每天老师发在群里的各项作业拉拉杂杂一大堆，需要家长花大量的时间和精力监督、陪伴，甚至一起完成，有时候家长会抱怨不知道是在考学生还是在考家长。但是我们是妈妈，妈妈就是要永远站在孩子这边，理解他，陪伴他，需要时帮他灵活迂回地解决作业困难。只要孩子还愿意学，只要他还对学习有兴趣，再稳步科学地提高孩子的学习能力，就没有你们打不过的"怪兽"。

丹丹贴士

★ 孩子写字父母也陪着写。

★ 不因为孩子写得不好、写不出来而训斥他。

★ 帮助孩子灵活地拆解写作业的任务。

★ 调动一切手段激发孩子的学习兴趣。

06

孩子在学校被欺负了怎么办

　　《哈利·波特》里的霍格沃茨魔法学校一定是很多孩子的梦想，但是霍格沃茨并不是乌托邦，那里面也有校园欺凌、特权阶层、消费主义至上等现实世界的问题，孩子之间的纠纷、矛盾也是家常便饭，如果哈利·波特的妈妈还活着，不知道会不会对此忧心忡忡呢？

　　关于入学焦虑，很典型的一个是妈妈们总是会担心自家孩子在学校被欺负，跟同学闹矛盾，还担心老师不能公正地处理孩子间的纠纷……总之一句话，怕孩子受委屈。是不是这些妈妈多虑了呢？"我的孩子是受气包""要不要教孩子打回去""孩子总是推人怎么办"……从幼儿园阶段就总被提起的这些问题来看，妈妈们可能还没有从教孩子解决这些问题的过程中成长，她们依然被困在里面。

　　孩子有了自己的社交圈之后，和其他的小朋友一起玩几乎没有不闹矛盾的时候，刚刚还好好的，转眼就变成了"我不理你，你别来我家"。进了幼儿园，要么被别的小朋友抓破脸，妈妈心疼得要命；要么就是自己的娃动手推了别的小朋友，追问他为什么动手，他肯定还一肚子委屈，说"是她先动手的""我没有错""你不该批评我"。

妈妈在孩子间的纠纷中应该扮演什么角色，有没有给孩子习得人际交往能力的机会，这决定了他能不能快乐地入学，在没有妈妈出席的学校里能不能从容应对，建立自己的朋友圈。

首先，帮助孩子理解每个人有自己的行为规则，需要协商才能达成一致。孩子心里其实是最看重公平原则的，但孩子也应该知道，每个人对规则的理解不一样，公平是需要协商达到的。比如，这个孩子认为滑滑梯每次只能一个人玩，另一个孩子认为两个人玩也没问题，那就需要一起来协商，这一次到底遵守什么样的规则。孩子们需要知道，在一个社交的环境里，必须通过协商、让步和妥协来建立共同的目标和规则。

其次，不管协商的过程进行得是否顺利，妈妈们都不要介入，让孩子们自己完成。孩子们在社交过程中发生分歧、冲突，只要不危及安全，妈妈们一定不要第一时间冲上去帮忙。孩子们需要通过与人的沟通、通过自己的探索得到结论，后续他们才会自行遵守。就算是沟通不畅，谁也说服不了谁，孩子也形成了自己的认识，会成为以后与其他人交往的经验。

再次，实在遇到对方蛮横不讲理，躲不掉的欺负，妈妈才有必要教孩子反击，一般的欺负只需要让孩子走开就好。还记得我们小时候对付这种自己觉得不公平、不舒服的状况时，最常用的办法不就是"我不跟你玩了"吗？我不跟你玩了，是比打回去更好的惩罚。父母还要做一件事，就是引导孩子把当天在学校里发生的事情说出来，他如果能坦诚地告诉你自己受到的委屈，并从你这里得到安慰和保护，那么受到一次欺负的内伤就不会有多重。他也能从中学习到豁达、坦荡这些品质。正常情况下，进入集体与人交往，并不是厉害一点更好，刺猬一样碰不得的人身边没有朋友，尽管没有人敢欺负他，但他也收获不到真正的友谊。

至于现实中的霸凌，无论来自学校还是社会，都让人痛心。尤其年幼的孩子缺乏应对能力，会在心里留下深度的阴影。如果父母能早些察觉出霸凌的迹象，一定要站在孩子这边，做孩子的保护伞，帮他解决问题。

学校是个小社会，孩子要一个人走进去，与他的同学、老师打交道，遇到了问题，不可能总是抬头问"妈妈，我要怎么做"。走进学校前，他已经学习了一些待人处事的方法，知道普遍的情况应该怎么应对，但肯定也会遇到从没碰到过的情况，比如被欺负、被误解。此时孩子原来习得的经验不管用了，那么就需要去学习新的应对的技能，自己去感受人间的规则。

最后，请妈妈们相信老师有能力处理好孩子之间的纠纷，如果发生误会，那就带着孩子一起找老师澄清。我知道有些妈妈会说，一个班几十个孩子，老师顾不过来，也会有疏漏。没错，老师会有疏漏，甚至还有可能在孩子的纠纷中处理不当，引发误会，这在成人社会不也是常有的事吗？如果有误会，我会跟孩子说："妈妈知道这件事情有误会。我现在陪你去跟老师解释，你自己跟老师去说，可以吗？"一来，我们陪着孩子去，让他心里安定不害怕，知道妈妈是支持他站在他这边的；二来让孩子自己去说还可以锻炼他的表达能力，一举两得。有的家长担心这样去找老师会让老师不高兴，甚至会给孩子"穿小鞋"，这就有点多虑了。我们是抱着一个友好的态度，并不是去找老师麻烦，而是将事情原委告诉老师，我们理解老师管理一个班级的几十个孩子的辛苦，有疏漏也在所难免。家长如果能持客观冷静的态度，反而会让老师高看一眼。但是有一点要记住，有了误会不可不依不饶，这不但没有合理地解决问题，还给孩子做了一个坏榜样，也让他在未来的班级生活中感到别扭。

生活不会永远平顺，纠纷、矛盾、误解是生活的一部分，一帆风顺的人生不会让你感受到柳暗花明的美好、困难攻克后的满足。孩子在学校里不仅学习知识和道德法则，也可以培养将它们应用到生活中，解决实际人际关系问题的能力，妈妈们相信这一点，在家里给予他足够的支持和信任，他在学校就不会手足无措。相信孩子，他们找到同伴、结成同盟的能力大着呢。

丹丹贴士

★ 帮助孩子理解每个人有自己的行为规则，需要协商才能达成一致。

★ 父母不要轻易介入孩子之间的协商和沟通，给他们自己处理问题的空间。

★ 碰到实在蛮横不讲理的，教孩子正确的求助和合理的反击。

★ 相信老师有能力处理好孩子之间的纠纷。

CHAPTER

06

能力提升有办法

01

如何提升孩子的表达力

我看到很多父母现在开始重视培养孩子的表达能力，但是有相当一部分家长选择了一种"快捷"的方式，比如给孩子报主持人班、口才班等，希望通过这种集中的训练，让孩子迅速成为一个"能说会道"的人。但我认为这种方式并不是捷径，反而把孩子推进了一个误区。

其实，孩子表达能力好不好，首先在于他有没有强烈的表达欲望。直接告诉他几个话术、几个表情动作，不能从根源上帮助孩子。这样的口才班上完之后，孩子学了一堆技术上的皮毛，却完全搞不清楚为什么要说。那么，这个强烈的、内在驱动的表达欲望到底是怎么来的呢？我的答案是：只有父母才能帮助孩子激发。

但是，有种常见的错误养育方式，往往容易扼杀孩子的表达欲望。

在一个家庭中，如果父母没有把孩子当成一个独立的生命个体，在日常生活中没有引导与示范，鼓励孩子多表达自己的观点和想法，什么都是大人说了算，永远无视孩子的话，这种养育方式，只能指向一个结果，那就是孩子的表达欲望被慢慢扼杀，最终成为一个"闷葫芦"。

比如，有的家长习惯包办孩子的大小事务，孩子想喝水的时候不用张口说话，水就被送到了嘴边；孩子一个眼神，父母和老人就知道孩子要什么。时间一长，孩子发现自己不说话也一样能达到目的呀，那为什么还要努力去表达呢？就这样，语言敏感期被错过了。

那父母到底该如何做呢？我总结出三个建议。

建议一：按照孩子的年龄特点划分，总结出不同阶段的表达力提升方法。

3岁之前，父母要示范给孩子看应该如何表达，给孩子模仿的机会。比如，我跟女儿的睡前聊天，我会跟她说今天上班遇见了一些什么事情，我是怎么处理的，有意识地多跟她说话，而且语言尽可能清晰、简洁，以孩子能够接受的语速来表达，这样就给孩子树立了一个很好的表达范本。

3岁以后，父母要用更多的耐心听孩子说。哪怕孩子只说了一句，也要表示鼓励。比如我会告诉女儿：我们的嘴巴不只是用来吃东西的，还能用来说话。你刚才扔东西是因为你不高兴了，对吗？那你可以用嘴巴说，"我不高兴了，我不喜欢那样"。请注意，有些内向型的孩子可能说得慢一点，但是哪怕他只说了一句，也要告诉他："我听懂了你的意思。"切忌在孩子酝酿开口的过程中，急躁地催促他："你怎么还不开口啊？"这样孩子想要说的话可能就噎回去了。

同时，你还可以帮助孩子把表达的方式升级，比如告诉孩子除了用嘴巴说，他还可以通过写小字条、画画、做手工的方式来跟别人沟通，传递自己的想法。

特别是孩子上幼儿园之后，我建议父母和孩子要设定一个特别的聊天时间。比如，我和孩子们就把睡前这段时间变成专属的聊天时间，而且一直坚持了下来。因为孩子上幼儿园之后，离开家庭熟悉的环境，进入一个更大的世界，算

初进幼儿园时害怕和人打招呼的彩旗在幼儿园的毕业演出中成了主角

是迈出作为小小社会人的第一步。他所看到、听到、感受到的东西，以及高兴的、难过的情绪，都是你们聊天的好素材，可以在专属的聊天时间里跟你分享。

建议二：创造"实战"环境，增强体验。

比如，我家开家庭会议的时候，会有意识地让孩子来主持，让她习惯在众人面前正式地表达自己。而且在女儿上幼儿园中班的时候，我还跟老师沟通，建议每天在班里设置 15~20 分钟的交流时间，让每个孩子到教室前面说一说自己在游戏或活动中的分工是什么，遇到了什么困难，是怎么解决的，等等。相当于把女儿从我家的小舞台，推到一个更大的舞台上，让她去表达自己。

建议三：养成日常细心观察的习惯，保证足够的高质量阅读。

这样做的目的，就是打造"输入—输出"的闭环。孩子要有充足的输入才能有输出，他之所以不愿意说，甚至上学后写不好作文，归根结底还是因为平时阅读少、积累的素材少。孩子的表达能力并不是一朝一夕就能提高的，需要有对生活的体验和感受，也需要大量的阅读和积累。

现在大多数孩子玩得最多的地方可能是小区的花园，上了学之后大部分时间都在校园里度过，任务只是埋头学习，很少充分细致地去观察生活，去发现除了"红花绿叶"以外还有更缤纷的风景，去看到这个世界的千姿百态和丰富多彩。所以，在时间和条件允许的情况下，父母可以多带孩子出去走一走，踏青、爬山、划船、旅行……在这个过程中，发现孩子对什么东西感兴趣，就可以引导他进行从整体到细节的观察，然后再让他描述观察到了什么。

同时，持续的阅读也是养成良好表达能力的基础，我建议从孩子一岁开始进行亲子绘本阅读，引导和培养孩子的阅读习惯。孩子看得多、听得多，肚子里才有"货"，遇到需要表达的时候才有话可说、言之有物。

有的妈妈会问，孩子也读了不少书啊，怎么还是不愿意开口说，不愿意自己读？读书这件事，本质上就是古人所说的"书读百遍，其义自见"，有大量的输入，才会有输出。孩子早点开口还是晚点开口，表达有个体差异，妈妈们不要焦虑，时候到了，孩子自然会开口说、自己读！

丹丹贴士

★ 只有父母才能帮助孩子激发内在驱动的表达欲望。

★ 保证每天固定的亲子沟通时间。

★ 给孩子尽可能地创造表达的"实战"环境。

★ 养成日常细心观察的习惯，保证足够的高质量阅读。

02

如何提升孩子的审美力

在山水实景演出的开创者、《印象刘三姐》的出品人梅帅元先生的一场新作发布会上，高朋满座，有著名旅美华裔音乐家谭盾先生、著名学者易中天先生、著名舞蹈家黄豆豆……大家聊得很畅快，当我提到一个关于审美的问题时，谭盾先生当即引用了美术大家吴冠中先生的一段话："今天中国的文盲不多了，但美盲很多。"木心先生也说过："没有审美力是绝症，知识也解救不了。"的确，在人工智能和大数据时代，科技将代替人类大部分的工作，而审美能力作为一种复杂的、人类特有的能力却很难被替代，这也将成为一个人在未来社会的立足点，甚至可以说是一个人的核心竞争力。所以，我们当下能给孩子的最好礼物，就是提升他的审美力。

也许有些家长会有疑问：我自身没有很好的艺术修养，也能提升孩子良好的审美力吗？我的答案是：可以！

其实，审美力的提升不是多么高大深刻的命题，就浸润在日常的生活中。比起把孩子送去各种绘画班、书法班学习艺术技能，让孩子有一双善于发现美、辨识美的眼睛，更有意义。毕竟不是所有人都能成为了不起的艺术家，但每一个人都能建立自己的审美观来调味自己的生活。比如有自己独立的审美主见、不盲目追赶潮流、尊重别人的审美选择，这才是让孩子真正受用的审美观念。

具体来说，我总结出了三个方法：

一是带孩子阅读世界经典绘本。正如著名的绘本研究者彭懿所说，阅读绘本，可以提升孩子的美感经验以及观察和思考图画的能力，帮助孩子迈入艺术的门槛。因为，绘本就是一座小小的美术馆，世界经典绘本中的很多画面，本身就是艺术作品，而它们的绘制者，无不是经过了长期的专业学习、有着深厚艺术功底的大师。我的女儿就是通过绘本阅读建立了对色彩最初的认知。在阅读了大量的绘本之后，她现在对于色彩和搭配有了自己的想法，比如挑选出门穿的衣服时，就非常有主见，还会告诉我这件上衣要搭什么裙子。尽管她不能很明确地说出自己这么穿的原因，但是其实她已经具备了一定的审美力。

这里顺便回答一个经常在直播间里被妈妈们问到的问题：我的孩子最近特别爱臭美怎么办？其实这就是孩子进入了一个审美的敏感期，开始对自己的容貌、外表有了更多的关注。爸爸妈妈们千万不要否定、打压孩子的这种爱美之心，让孩子觉得爱美是一件羞耻的事情，反而应该借着这个机会给孩子正确的审美引导。一方面是在保证安全的前提下，给孩子自主选择的空间，比如今天穿什么衣服，梳什么样的发型。这有助于他们养成独立的审美观。另一方面，也需要引导孩子明白，容貌、外表的美当然能带来赏心悦目的体验，但内在美才是更值得我们追求的东西，比如善良、正义、爱心等。这些都是可以通过绘本来让孩子感受和体验的。

二是带孩子参观美术馆、博物馆、音乐厅等。现在，中国在这方面做了很多基础性的工作，很多城市都修建了对市民免费开放的美术馆、博物馆，经常举行各种艺术展览活动。这些都是非常宝贵的艺术资源，家长可以带孩子多去这些场所。当然，在去之前，建议家长做一些功课，比如对美术馆、博物馆的主要展品进行前期了解，以免把参观变成走马观花式的敷衍。

在场馆看展的过程中，家长要与孩子保持互动和交流，比如可以启发式地问一问孩子：你从这幅画中看到了什么？有什么联想？你认为画中哪个元素是最主要的？这幅画给了你什么样的感觉？你认为画家在作画时有什么样的想象？假如让你用这个主题作画，你会怎样画？

家长要细心倾听孩子的回答，对于孩子的认真回答给予肯定和鼓励，或者给孩子补充一些相关的背景知识，从而逐步提高孩子对艺术的欣赏能力，对美的分辨力、感受力、理解力。

家长需要注意不要把这种提问变成考试，也不要给孩子设定标准答案，启发他们用自己的眼睛去发现美，去思考美的表现形式，才是我们的目的。

三是为孩子营造有美感的家居环境。

有句话说得很好："即使生活到不了远方，也要把日子过成诗。"有美感的家居环境并不一定都是重金打造的，相比之下，我建议父母给孩子提供一个自然的、干净的、简洁的家居环境，这更能给他带来美感的启发。闲暇时间，家长可以让孩子一同参与到对家居环境的装饰当中，在家中插花、摆放绿植，一起做一个艺术 DIY 饰品等，让他自己参与营造生活的美。也许仅仅是在桌上铺一块餐布、在书桌上摆放一小盆仙人掌，就能让孩子在美的生活氛围中感受到有趣和精致。这既是对孩子进行美的熏陶和浸染，还能营造温馨和谐的亲子关系，何乐而不为呢？

丹丹贴士

★ 多带孩子阅读世界经典绘本。

★ 带孩子参观美术馆、博物馆、音乐厅等。

★ 为孩子营造有美感的家居环境。

如何提升孩子的想象力

如果要说现在最热门的词是什么，应该首选 AI，也就是人工智能了。谁也说不清它什么时候会彻底颠覆我们的生活，但可以肯定的是，这个未来离我们并不遥远。到那时，很多工作都可以被人工智能取代。经济学家在长三角地区做调查的时候发现，很多以制造业为主要产业的城市已经大量地使用机械臂代替工人工作，而且这种代替在未来还会加速进行。那么，人类在未来要去做什么呢？

我在清华大学接受智媒管理培训时，有机会听到一位在国际上非常有名的人工智能专家的分享。当向他请教这个问题时，他说："有一样东西是机器人永远学不会的，那就是人类无穷的想象力。"爱因斯坦也有一句关于想象力的名言："想象力比知识更重要，因为知识是有限的，而想象力概括着世界上的一切，推动着社会进步，并且是知识进步的源泉。"

想象力是人类与生俱来的一种能力，孩子就是天生的想象力大师。但遗憾的是，很多孩子的想象力在成长过程中被大人扼杀了。尤其是在孩子上学以后，学校和家庭对孩子的要求是规范行为、遵守秩序、有序思考，并且用一个标准答案来解释遇到的问题。在这种期待之下，孩子想象的羽翼被剪断，思维的灵光也慢慢熄灭了。

在这里，我想通过三个关键词，探讨父母该如何保护孩子的想象力。

第一个关键词是欣赏。也就是说，我们要用欣赏的态度看待孩子的各种奇思妙想。我家老大有一张照片，每次看到都让我忍俊不禁：孩子用颜料把自己身上涂得到处都是，光着身子在太阳底下看着我，乐呵呵的。她还说自己是一只大花豹。多么有感染力、多么童真的一幕！但如果作为父母，你关注的只是这么多颜料涂在身上有没有毒，怎么洗干净，那么你就可能毁掉了那一刻孩子的欢快、创造、想象和成就感！

爸爸妈妈们肯定都有过这样的经验，孩子兴高采烈地拿着一张画告诉你：妈妈，你看我画的小马！如果你的反应是：你这是画的啥呀，一点儿都不像，你应该这样这样画……那么孩子想象力的发展可能就经历了一次重大的挫折。如果他的天马行空总是得不到肯定，他慢慢地会选择放弃这样的尝试。

脑科学研究显示，新行为和新信息都会刺激神经元的再生，而神经元的密度则是大脑信息传递的核心关键，也是我们创造力与想象力发展的关键。每一次主动的思考，主动接收的新的信息，做出的新的行为，都是在帮助神经元长出新的分枝，并且塑造和强化神经元的有效连接。这也是为什么成人大脑的神经元密度和分枝明显低于孩子，因为成人的思维模式、行为模式已经基本固化，是一种习惯性的自动化的思考和行动模式，他们更追求的是效率。

从这个意义上，你对孩子每一次真诚的肯定，每一次发自内心的赞美，都

女儿画的我们一家四口。"妈妈你看，这是我们一家！肥嘟嘟的弟弟，鬼灵精怪的彩旗，胖胖的妈妈，瘦高个的爸爸！"

是在为打造他大脑中高密度的神经元网络助力。

　　第二个关键词是参与。如果你只是欣赏，没有参与到孩子想象力创造的过程，那孩子会感到缺乏互动，也会觉得不好玩儿。我在生活中是非常理性的一个人，有些不苟言笑。对我来说，参与孩子的各种想象力的活动，还是需要跨越一些心理障碍的。但是我也知道，只有真正参与进去，才能够进一步激发两个孩子的想象力。所以，我正在尽自己的最大努力尝试，比如在读绘本的时候，我会尽可能加入一些表演的成分，模仿鳄鱼摆尾巴，模仿猩猩吃香蕉……在这个过程中我自己也解放了天性，慢慢地体验到了其中的快乐。"与孩子在一起时，带上你所有的法宝和智慧，然后坐到地板上。"当然，要做到这一点很难，对我们中国的父母来说更难——由于成长背景和教育环境的缘故，让我们很难放下大人的架子。所以，我在这里给大家推荐一本书：《游戏力》，作者是美国的劳伦斯·科恩，相信可以帮助父母学会用游戏的方式养育孩子，陪孩子一起成长。

第三个关键词是打开，打开孩子的眼界。把孩子带到大自然中去，让他们去观察、去感受动植物、季节、气候……有条件的话带着孩子去旅行，去体验不同地方的文化、不同人们的生活。经济条件暂时不宽裕的妈妈，不能买张机票就旅行也不必担心，去乡下的外婆家、去郊外，只要离开家这个熟悉的环境，去到任何一个新地方对孩子来说都是开眼界。他们接触到的新信息越多，就越擅长去处理、加工、反馈这些信息。当然，打开孩子眼界、促进孩子想象力生长的最便利的方式，就是阅读。尤其是在绘本的选择上，我一直建议妈妈们要多挑选不同国家、不同文化背景下的作品，这是孩子了解这个世界的多样性的最佳途径，也是让他们的想象力更加丰富多彩的重要法宝。

丹丹贴士

★ 父母要有意识地在生活中保护好孩子的想象力。

★ 用欣赏的态度看待孩子的奇思妙想。

★ 父母要参与并投入到孩子的想象力活动中。

★ 多多帮助孩子打开眼界。

04

如何保护孩子的创造力

　　我在直播间里说过一个"一身白"的故事，听过的妈妈都知道，那是一个经典的错误育儿示范。

　　小区里有个两岁多的孩子，几乎所有人都认识他，妈妈们都觉得这个孩子长得特别漂亮，白白胖胖很可爱。他经常穿一身白衣白裤白鞋子，不管什么时候见到他，总能保持得干干净净的。我为什么说这是个普遍的育儿误区呢？因为整个小区里，我只听到过有一位做教育的妈妈说：这家孩子有问题，他总是由阿姨抱着，即使在孩子最多的游乐区，对其他孩子爬上爬下的游戏也不感兴趣。作为一个两岁多的孩子，他太干净了，太讲卫生了，太让人安心了。从这个总能保持一尘不染的孩子身上，可以看到家长的教育方式是有问题的。

　　没有孩子不好动、不爱玩，这可能是让每个妈妈都头痛的问题。动得多、摸得多自然会弄脏衣服，我们家老二的裤子常常穿不了几天就一个洞，所以我说不要给年纪小的孩子买太贵的衣服，淘一些干净的旧货也不错，孩子穿上方便活动，脏了就替换，挂坏了、穿破了扔掉也不可惜。给孩子穿一身白，还训练孩子保持衣服干净的家长，可能是个爱整洁的大人，也希望孩子继承自己的好习惯，但却忽视了教育的规律，在孩子最需要用身体去探索外界的年纪，用不必要的规矩压抑他好奇、好动的天性。家长的严格要求和限制让孩子从不敢动到不想动，的确达到了保持干净的要求，给妈妈长脸了，给阿姨省事了，但同时作为孩子的一部分东西却失去了。

而且这个被"一身白"限制住的孩子，他的心不自由，他的身体没有抓沙子、抓石头、抓草、抓泥巴的触觉体验，往后可能发展到拒绝和人做任何接触，甚至拒绝进入亲密关系，那他入学后怎么交朋友，将来如何进入婚姻生活？妈妈在给孩子穿衣打扮、选择活动场所、制定游戏规则之前，如果能把眼光稍微放长远点，想想今日的举动会对未来的行为产生什么影响，还会不会仅仅按照自己的喜好就给孩子穿一身白呢？还会不会只是为了保持干净就拦住孩子往水坑里踩？

我分享过这个故事以后，在直播间里只要一提"一身白"，直播间的妈妈们就会敲出：不能压抑天性；再怎么调皮捣蛋，总好过对外界失去兴趣；不能阻挡孩子去探索世界。这也让我感到非常欣慰，妈妈们的学习能力和自我纠偏能力其实是很强的，可能就是需要某一个时刻有人来点醒她，推她一把。这也是我为什么说不需要迷信育儿专家，妈妈就是自己孩子最好的育儿专家。道理妈妈们都懂，是否愿意从心里尊重孩子的天性，尊重他作为一个人的独立性……认识将决定妈妈的高度。

"生活即教育"，凡是生活就有教育的可能，这是教育学家陶行知在70多年前就提出的理论。他认为："生活与生活一摩擦便立刻起教育的作用，摩擦者与被摩擦者都起了变化，便都受了教育。"所以家长要给孩子充分的机会，让他从

"妈妈，我自己要求扮演一只流浪猫。"

生活实践中积累经验，更重要的是，这其实也是在保护孩子的创造力。

　　妈妈们都知道创造力对孩子的重要性，乐高集团的副总裁在世界创造力大会上说："2020年，复杂问题的解决能力、审辨式思维和创造力将是立足于社会的三大最重要技能。"妈妈们不能一方面从小绑住孩子的手脚，把他禁锢在你认为安全的圈子里，阻止他用自己的方式去探索、感受、创造；一方面又在孩子渐渐大了之后抱怨：为什么我家孩子没有想法，没有创造力？殊不知，你自己可能就是那个罪魁祸首。

　　那么，家有好奇宝宝，究竟如何保护他的创造力呢？

　　第一就是"随他去吧"。

　　很多时候，孩子想要去尝试、探索，想像小猪佩奇一样去跳泥坑，妈妈们请压抑住自己即将脱口而出的"不可以"，换上笑脸，给他准备好套鞋、雨衣，随他去吧。妈妈们不要总是被规则、规范禁锢，绝大多数情况下，孩子想要试一试的都不是什么大不了的事情，只有极小部分可能会危及孩子健康和安全的情况需要妈妈干预。妈妈们放松一点，就会发现"随他去吧"并不是一个很艰难的决定。

第二是不要给孩子提供标准答案。

心理学家兰格曾经做过研究，给被测试的孩子一堆物品，其中也包括一个样子奇特的橡皮擦。兰格告诉A组说"这是狗咬的玩具"，告诉B组说"这可能是狗咬的玩具"，然后就让孩子们用铅笔填写某种表格，可在填写过程中，兰格却故意说自己弄错了，需要孩子们更改自己刚刚写下的答案。结果，A组几乎没人发现那个"狗咬的玩具"就是橡皮擦；而B组则有很多人发现了。仅仅增加了"可能"两个字，孩子们就变得更有创造性。

被告知了标准答案的孩子会产生思维的惰性，接受标准答案一定比自己去探索去验证答案来得更加轻易简单。让孩子用自己的方式和努力去探索，在这个过程中，他可能需要调动多方面的能力和既有的知识储备，把不同的知识点重新进行连接，进而生成新的认知，解锁新的技能。

第三是花式点赞孩子的各种尝试，鼓励孩子走出"舒适区"。

孩子勇于尝试，即便尝试的结果可能给妈妈带来了一些麻烦，或者得到了一个不太好的结果，妈妈也要热情地、真诚地送上"彩虹屁"。如果他兴致勃勃地拿着自己画的画、搭的小房子给你看，你只是冷淡地瞟上一眼，敷衍地说一句"真棒"，孩子创造的热情可能就减了一分。作为新时代的妈妈，一定要丰富自己"彩虹屁"词库的储备，得变着法儿地从不同的角度、用不同的词汇去夸孩子，但还得注意，别泛泛而夸。

而如果孩子总是待在"舒适区"里，妈妈也不妨适当推一推孩子——"这个高楼搭得很漂亮，咱们不用这个图纸，给它换个设计怎么样？""小朋友们玩泥巴挺开心的，你不想去试一试么？"

所以，那些问我孩子喜欢玩土、总是玩得脏兮兮该怎么办的妈妈，我想对你们说：你们能够允许自己的孩子玩得脏兮兮，真是很棒的妈妈。洗洗弄脏的衣服，费不了多少洗衣液！

当你的孩子想要去爬树、玩泥巴时，希望所有的妈妈都能面带微笑地说一句：去吧，这位探险家。

丹丹贴士

★ 放手让孩子去尝试。

★ 不要给孩子提供标准答案。

★ 鼓励孩子走出"舒适区"。

专注力培养有办法

01

别玩积木了，过来吃饭。——我不要吃。

写完作业再玩。——我不要写。

马上去睡觉。——我不要睡。

没有哪个妈妈不熟悉上面的对话，经过了每天呼唤妈妈一百次的婴幼儿期后，孩子的口头禅就换成了"我不要"，原来总黏着妈妈的乖宝宝突然变成了总和自己对着干的小恶魔，实在让人接受不了。尤其孩子在2-3岁这个阶段，正处于"说不"的敏感期，着实让妈妈们头疼、烦躁。喊不动，那只能升级成吼，孩子也烦躁，最后就算妈妈的目的达成了，也是双方哭丧着脸，并且同样的情况还会重演。

我们一起来推演一下，事情是怎么发生的？

你喊不动孩子时，他正在做什么？做一件他认为有意思、愿意沉浸其中的事，比如用积木搭高楼、翻一本新买的书、看窗外的一只鸟……他没有做完这件还想做的事，当然喊不动。到点要吃饭、睡觉，每天要完成作业，要穿鞋、穿衣服，这是大人靠自律做到的事，跟几岁的孩子谈自律，我敢肯定你只能收到一个后脑勺，人家假装看不见你。

当然还有些时刻，他的行为触犯了大人制定的行为规范，比如跳进水坑里，溅别人一身水；挖土玩沙子，连头发里都是；甚至是玩马桶里的水、在墙壁上作画，也会触犯到妈妈紧张的神经。

在这些场景里，妈妈的愤怒程度与孩子行为的"疯狂程度"有关，也跟妈妈的容错率有很大关系。规则感越强、越严格的妈妈，容错率越低。可能因为我自己是被放养长大的，我觉得自己算是个高容错率妈妈。女儿非要在夏天穿棉背心戴手套，我也没有强迫她脱了出门，那就穿着出去遛一圈，热得出汗了她自己就脱了；儿子玩泥巴的时候非要吃土，我也不会立马紧张地阻止，他试了知道不好吃，以后自然不会再做类似的动作了。

所以，我给妈妈们的建议有三点：

第一点是用来即时处理当下场景里的问题，那就是蹲下来跟孩子说一句：那你是怎么想的，我们可以来商量一下。

如果你确定孩子已经收到了你的信息，比如你走过去蹲下来跟他说：宝贝，我们现在需要去吃饭 / 睡觉了，游戏的时间结束喽。孩子还是想继续玩，那就跟他一起商量一个合理的结束时间。这里有一个小技巧，就是给孩子一个选择，比如 5 分钟或者 10 分钟选一个，否则孩子张口就说我还要玩一个小时，妈妈们也得抓狂。商定了时间之后，就可以定一个闹钟，告诉孩子如果闹钟响了，就必须履行刚才的约定，否则他就会像匹诺曹一样长出长鼻子。给孩子这个 5 分钟或者 10 分钟，并不会耽误多少事儿，但是却给了孩子掌控自己时间的主动权。如果孩子到了时间就主动结束游戏，当然皆大欢喜，这时妈妈们一定不要忘记给孩子点一个大大的赞，妈妈的肯定和鼓励会强化他遵守约定的行为；如果孩子还是要赖不肯来吃饭/睡觉，妈妈们也不必再催，该吃饭吃饭，该睡觉睡觉，让孩子自己承担后果，一顿不吃饿不着他，晚睡的结果可能是第二天起不来，上学迟到被批评。他也得学习为自己的选择负责。只要不危及安全这条红线，没有什么后果是承受不起的。

第二点，从更长远的角度，我也建议妈妈们等等孩子，等他从一件专注的事情上结束探索，等他从一个持久的爱好中移开注意力，这么做绝对是保护孩子专注力的最有效的方法。

打个比方，当妈妈和孩子共处时，最好能把他当成舞台剧里的演员，把自己当成他的观众。你坐在观众席上（离他几米远的地方），有时候被他的表演吸引，有时候低头做自己的事（而不是 24 小时盯着他看）……只有当台上的演员（你的娃）邀请观众互动时，你才能来到舞台上。当一个好观众，可不能老是教台上的演员怎么演戏，何况有时候你看的还是彩排，他正在磨炼自己，在一次次摔倒中学会怎么正确地转圈。

常常观看自己孩子"演出"的妈妈，会发现孩子的演出越来越精彩，说"我不要"的时候越来越少。当你不总是想着指挥他、掌控他、教导他，你们之间的对抗也就会越来越少。你不再抱怨他总是慢吞吞，也不再嫌弃他"怎么老是玩这么弱智的游戏"了，孩子慢慢地在自己的世界里进阶了。妈妈们会豁然发现，孩子们是有能力安排好自己的时间的，他们也是能够坐下来专心致志地做好一件事情的。

妈妈退一步，海阔天空；孩子进一步，可能就与众不同了。

最后，我想提醒妈妈们的一点是，如果孩子事事都和你对着干，已经非常叛逆，那么就是孩子已经切断了跟你沟通的通道。

妈妈们需要好好想一想，他说的所有"我不要"，背后隐含了多少没有说出来的信息？再往前追溯几个月、几年，妈妈有没有习惯性地不尊重他的意见，在他提要求时不容分说地拒绝？你是不是在自己都不知道的情况下，就已经失去了他对你的信任？

如果这种情况是发生在青春期，那么相信我，解决起来要困难得多，因为信任的丧失是一个漫长的过程。面对青春期自我意识蓬勃爆发的孩子，妈妈们就不能指望一次两次的努力能挽回失去的信任，能重新打开沟通的大门。尤其现在的孩子普遍早熟，妈妈们不要抱着孩子还小，当然我说了算的心态，请一定把问题前置解决，不要轻易摧毁你们之间的这份信任和亲密。

丹丹贴士

★ 2~3 岁是孩子"说不"的敏感期，家长要耐心。

★ 蹲下来与孩子平等沟通，问问他是怎么想的。

★ 等一等孩子，等他从一件专注的事情上结束探索，保护他的专注力。

02

孩子总是"慢半拍"怎么办

上床慢，起床慢，刷牙慢，出门慢，喊他做什么，半天都没反应……一个孩子在妈妈眼里成为反应"慢半拍"的拖延症患者，从两三岁就开始了。

在我眼里，孩子的"慢半拍"分为三种情况：

第一种情况，是这个"慢半拍"对标的是成人的速度，如果你拿成人的标准作为衡量孩子的坐标系，那一定是错位的，也没有尊重孩子生长发育的规律。如果是这种情况，妈妈们就是要提醒、说服自己接受孩子的"慢"，多给孩子5分钟。起床慢，就给孩子预留提前量，早5分钟叫孩子起床，多5分钟给他自己穿衣服、刷牙、洗脸。当妈妈们降低自己的标准，回到孩子的速度，会发现这个"慢半拍"完全就是一个伪命题。

第二种情况是天生慢性子，不管是谁让他干点什么，他总会愣一下神，然后再去做，完成这件事情要花的时间也比一般孩子要长。

这种情况下，爸爸妈妈首先不要急，也不要给孩子贴上"慢半拍"的标签，因为这其实也是孩子在生长发育过程中很常见的表现。

我有个朋友，他的孩子小时候发育比较缓慢，幼儿阶段走路、吃饭都是慢节奏。但是上了小学后情况就发生了变化，她的动作变得迅速起来，学习也一点不比别人差，特别是观察能力比一般小孩要厉害得多，非常擅长玩"找不同"这样的游戏。这说明她的空间认知能力得到了充分发展，而这种能力对于专注力的发展是非常有好处的。

这个孩子很幸运的一点是，从小她的爸爸妈妈和幼儿园的老师都没有给她贴上"慢吞吞""你不行"这样的标签，相反，他们很尊重她的节奏。据我朋友讲，他们很少催促孩子，也不会总对孩子说"快点""还没做完吗"这样的话。结果，孩子按照自己的节奏长得非常好，甚至比同龄孩子还要好。

孩子反应慢半拍，绝大多数与智力无关。很多反应慢的孩子，智商并不比反应快的孩子低，甚至还会超过反应快的孩子。很多时候，孩子表现得"反应迟钝"，只是他们的思维方式"与众不同"罢了。比如，面对同一个问题，与那些依靠直觉去思考的"反应快"的孩子相比，"反应慢"的孩子也许正在进行一种反复的、全面的思考，他们在不断求证，希望自己能做出更合理、更正确的选择。

其实，我们可以发现一个现象，有的孩子虽然反应总是比别人慢，给人不机灵、不聪明的印象，但他们对自己感兴趣的事情专注度是非常高的，做得虽然慢一点，但是完成的质量往往很高。

因此，当你和孩子讲话，孩子表现得反应慢，好像若有所思时，这个时候不要打断他，他可能并不是不明白你所说的话，他可能正在对这些话进行分析、论证，以找到最佳的答复方式罢了。

可是一旦家长或者老师理解不到这个层面，看不到孩子身上的闪光点，以至于说出这孩子"笨笨的""不太聪明"这类负面评价，就会让孩子增加无谓的心理负担；长久生活在这样的评价环境中，孩子自然而然也会认为自己"笨"，处处不如别人，继而就会变得没有自信、灰心丧气，最后在自卑和畏难的双重心理影响下，很难发挥出潜力和特长。长此以往，孩子的反应只会更加"慢半拍"。

第三种情况则是，孩子平时吃饭慢吞吞，但如果碰到他爱吃的食物就狼吞虎咽；孩子做作业慢吞吞，朋友喊他下楼玩他立马变身"闪电侠"；或者孩子在画画班没精打采，拖拖拉拉完不成一幅作品，可一摸到篮球就生龙活虎了。

这其实是孩子在用"慢"向妈妈表达一种态度："妈妈，我喜欢吃的是这个。""妈妈，我能不能先下楼玩一会儿再做作业？""妈妈，你给我报的兴趣班我没兴趣，我不想做你要求的事。"

孩子从两岁开始自我意识萌芽。从两岁、三岁、四岁的孩子身上可以看到很明显的进阶，他的自我意识在逐渐变强，到四、五岁时变得明确而完整，开始对一件跟他相关的事有非常明确的意见。于是当大人的要求和孩子的想法出现不合拍，孩子要么表现出愤怒，对着干，要么就拖着不做。

我确实发现，现实中有些妈妈把精明和细腻都放在了寻找孩子的问题上，却忘了孩子是一个独立的生命个体，有他自己的想法和节奏。我们忘了去思考孩子为什么只有在某些情况下才动作迟缓，为什么假装没有听见我们说的话。这背后所折射出来就是：只有自己的想法才是重要的，孩子的想法和兴趣不重要，甚至不承认孩子有独立思考和行动决策的权利；只有遵循父母的守则、完成父母的指令才是孩子唯一正确的行动，否则，就是反应慢，思维和态度有问题。

这种情况下需要调整的其实是父母的认知，给孩子足够的选择权和决策权。

《周国平论教育》一书里有段话实在切中要害："今天，大人们纷纷把自己渺小的功利目标强加给孩子，驱赶他们在名利场上拼搏。我担心，在他们未来的人生中，在若干年以后，童年被野蛮剥夺的恶果不知将以怎样的方式显现出来。"

这不是什么危言耸听，今天父母驱赶孩子非要按时按点按自己的意愿做某一件事，命令孩子非要参加某种有用的课外培训班，而罔顾孩子的意见，剥夺孩子的兴趣，这些膨胀的功利心和野蛮的强势，最终会在孩子身上怎样反弹回来呢？忽视孩子当下行为的意义，忽视孩子成长的过程，是极其自大的，是特别不尊重个体的。

有篇很有名的散文叫《牵一只蜗牛去散步》，用非常生动的语言告诉我们，教育孩子就像牵着蜗牛散步，有时候需要放慢点脚步，跟随孩子自身的节奏，那时候我们会发现一个不一样的世界。以此与各位妈妈共勉。

丹丹贴士

★ 正确认识孩子发育的规律，不要给孩子贴"慢半拍"的标签。

★ 给孩子足够的选择权和决策权。

03

孩子总是"三分钟热度"怎么办

有一次直播里，有一位妈妈的问题很典型：宝宝快四岁了，对不会的东西比较容易放弃，怎么办？我说，这太正常了，四岁孩子的专注力能有五分钟就可以了，碰到他不会的、不感兴趣的，当然更容易放弃。有些二三十岁的年轻人还总被说"做什么都是三分钟热度"，何况是一个四岁的孩子呢？因为一个四岁孩子容易放弃，而担心他未来无法集中注意力，实在是有点忧虑过甚了。

专注（attention）这个词来源于拉丁语 attendere，词根包含 at（向前）和延伸（tent）。孩子能不能把这件事情往前推进，让几分钟前对积木或拼图开始的注意力再往前延伸一点，这时候就不能仅仅依靠孩子的自我意识了，四岁的孩子做不到像成人一样建立成熟的动机和目标感，如果达不到、够不着，他更倾向于选择放弃。

妈妈经常陪伴在孩子身边的好处这时就会显现。你恰好在他想要够但够不着的时候在他的身边，观察到了他的失落。你平心静气地靠近他，问他："宝贝怎么了？我看你搭得很好，你刚才在搭第三层积木时，用了那块长的解决了平衡问题，现在这个小困难要怎么解决呢？"妈妈适当地给他一些暗示，引导他把问题整理出来，一起设想解决的办法，最后再问："要不要妈妈试一试？"告诉你的孩子，如果需要帮助，就说"请帮忙"，妈妈不仅一直关注着你，也很愿意和你一起解决问题。就是这么简单，然后这件困难的事情就会因为你的介入而拐入正常的轨道，孩子也会越来越愿意把精力投入其中，延长专注的时间。

直播间的妈妈们后来把这个问题延伸到更大一些的孩子身上，"妈妈，我想要学跳舞／弹钢琴"，给孩子报了兴趣班，不到一个星期，"不想学了，跳舞／弹钢琴一点也不好玩"，这样的场景很多妈妈都经历过，顺着他吧，下次故伎重施，反反复复就成了三分钟先生、三分钟小姐；不顺他的意吧，哭闹反抗不说，注意力也并没有因为强行摁着而增加。

其实从生理学上来讲，孩子喜新厌旧、三分钟热度还真不是故意要惹你生气，这是人的一种本能。心理学家曾做过这样一个实验：让一个人看人脸的照片，通过核磁共振来观察这个人大脑的一些变化。实验发现，当重复给这个人看相同的照片时，大脑的活跃度会下降，也就是说，大脑会"视而不见"。这就是我们的注意力不会在同一件事物上停留太久的原因。

三分钟热度本来是人的天性，即便是成人也苦恼于如何保持专注，提升效率，尤其是面对新事物或者自己不那么想做的事时。而要一个几岁的孩子克服困难保持长久的专注实在是强人所难。事实上，我们在家庭里还经常营造出让人不能集中注意力的环境，比如孩子在玩的时候，家里人也忍不住表达关心，拿杯水过去，要喝水吗？又拿一包零食过去，要不要尝尝这个？孩子的日常专注力就这样被我们大人给破坏了。

又比如孩子某件事没做好，父母或老师劈头盖脸就是一顿训斥，这让孩子意识到如果自己做得不好就会挨骂，以至于情绪紧张，特别容易走神。

还有一个原因是家里充斥了让他容易分神的东西。比如一年级的孩子，写作业的环境不能保持干净整洁，反而堆满了花里胡哨的东西；眼花缭乱的科技产品一会儿响一会儿叫，肯定会扰乱孩子的注意力，让他很难坐得住。

孩子在专注的进程中频繁被干扰，会有一些不容忽视的负面影响。《发现你的生物钟优势》的作者马修·埃德隆博士认为，这会造成学习能力的发展受阻，在干扰消失的一瞬间，人不可能立刻恢复到满负荷运转的认知状态。如果有一分钟的干扰，可能就要多付出超过十分钟的时间成本来回到最初专注的状态。

那么怎么找回孩子的专注力？我这里有几个办法可以帮到你。

第一，对低龄的孩子，从怎么玩玩具开始。如果家长不会挑选玩具，不懂怎么跟孩子一起玩玩具，结果就是玩具买得越多，孩子越失去专注力。所以首先，家长要为孩子选择玩半成品玩具，孩子玩起来参与度比较高，少买那些花里胡哨的声光电玩具。比如我家老二两岁前很喜欢的一个拼形状配对的玩具，这种玩具市面上很多。我挑的那一款侧面有一块毛毡，孩子要把手从洞洞里放进去，才能摸到东西。这个设计非常棒，充分调动了孩子的感官系统。其次，家长要闭上嘴巴观察孩子怎么玩玩具，他碰到困难如果来找你帮忙你才介入；如果不找你，你就让他把懊恼的情绪发泄完了之后自己解决困难。很多父母买玩具的动机是"你去玩吧，别来烦我"，而不是因为孩子需要这个玩具。

有一次，我家老二要把一个很大的玩具从床底下拖出来运到客厅，但他开好门之后去拖玩具，门就弹回去关上了。如此反复了好几次。虽然我很早就发现了这个情况，但一直没有上去帮忙，因为如果我早早地帮他把玩具拖出来，那么他就可能失去了一次专注探索的机会。经过不断的尝试，他终于在自己的努力下成功了，而正是这样的体验，不仅让他感受到了"我可以"的自信，也为下一次探索提供了力量。

第二，对于大一点儿的孩子，我们首先需要帮助孩子明确目标。明确了"我要做什么"，孩子的大脑运行会变得顺畅，能集中精力直奔目标去做。当孩子脑海里有了未来的图景，决定好了要做什么时，实际上就已经具备了做事的目标和动机，会期待"我想成为那样的人""我想将来能做到那样"，会主动朝着这个方向而努力。在这个过程中家长需要跟孩子一起来设定适当的目标，帮助孩子在他的"最近发展区"找到那个跳起来能够到的目标并且要进行适当的鼓励和督促，在孩子遇到困难的时候提供一些引导，孩子懈怠时给予提醒。

然后，则是将目标任务进行拆解，分阶段去帮助孩子完成。即便当初制定的目标是孩子努努力就能完成的，也需要将庞大的目标分解成为一个个小的、具体的、可执行的任务。比如目标是这个学期背完一本英语单词书，孩子一看单词书有100页，立马陷入恐慌，觉得自己不可能做到。这时候我们把这个目标进行拆解，每天背1页，孩子一看这个任务量能够接受，每天只要花20分钟就可以完成，欣然接受。坚持下来，三个多月就背完了整本单词书。完成了既定的目标，孩子也很有成就感。

第三，用游戏的方式，帮助孩子延长专注力。比如孩子喜欢画画，本来只能画几分钟，那么可以多准备一些画画的材料，尽可能地引导孩子在这个他喜欢做的事情上多花一些时间。拼图、搭积木等游戏都是训练孩子专注力的好方法，父母在家不妨陪孩子多玩一玩。

第四，父母减少责备。有的孩子一开始可能因为专注力不够，或者对某件事没什么兴趣，就不想继续了。这个时候，父母最不能做的就是责备孩子，比如说"这都是花钱买的，多浪费啊"。这样的责备日积月累，孩子对这件事只剩负面体验，自信心受到打击，专注力自然越来越差。

第五，我还要提醒家长的是，对孩子的专注力持续时间要有科学认知。孩子专注力持续的时间随年龄而增长，父母不能对孩子有"超纲"的要求。比如，小学一年级的孩子专注力持续的时间只有 15 分钟，那么父母提出坚持半小时的要求就不合理了。

克服大脑"三分钟热度"的天性，调动孩子的热情，并让他们坚持不懈去完成一项使命，这个任务不简单，请从三、四岁时就陪伴孩子迎难而上吧。

丹丹贴士

★ 对低龄的孩子，从玩玩具开始培养专注力。

★ 对大一点的孩子，帮助他将目标任务进行拆解，分阶段完成。

★ 用游戏的方式帮助孩子延长专注力。

★ 父母减少责备。

04

怀疑孩子有多动症怎么办

　　经常听到这样的问题："我的孩子一刻都坐不住，是不是有多动症啊？"，"我和他爸都很安静，孩子怎么就那么好动呢？"有这种焦虑的家长还真不少，医生朋友告诉我，这些年带孩子到医院看多动症的家长越来越多。当然这并不意味着儿童多动症的发病率迅速提高，而是随着父母们获取育儿知识的需求和渠道越来越多，多动症这个概念被更多人所知道。不过医生朋友也说明了，被怀疑患了多动症而到医院就医的孩子，实际上绝大多数都是正常的儿童，可能比一般的孩子更活泼好动了一些，对规矩严格的集体生活不太适应，就被家长或老师怀疑患了多动症。这表明大家对多动症的误解还是挺深的。

　　多动症被用来描述一种儿童行为问题。1845 年，德国医生霍夫曼第一次将儿童活动过度视作病症，此后，许多精神病学家、儿科专家、心理学家和教育家从不同角度进行了更深入的研究。一开始，研究人员认为这种问题是由脑损伤引起的，将这种病症命名为"脑损伤综合征"，后来发现这并不是真正的起因，而很可能是脑功能轻微失调引起的。1980 年，美国公布的《精神障碍诊断和统计手册》中，将这种病症称为"注意力缺失障碍"。近年来，随着诊断的逐步规范，人们发现这类儿童的临床表现中，多动和冲动症状密不可分，1987 年将其改为"注意缺陷多动障碍"，即 ADHD。

患有 ADHD 的孩子的行为表现主要有"注意缺陷、活动过度、冲动"三大特点。所谓的"注意缺陷"指的是注意力不集中在固定目标上；"活动过度"是指过快和没考虑就行动的行为；"冲动"指的是躁动不安的情绪。这三点是多动症的核心特征。

需要注意的一点是，我们常常将多动和多动症画等号，这是错误的。有的妈妈会说，我家孩子就是这样的，只要醒着就动个不停，做作业时听不得一点响动；一点不如意就生气上火。妈妈说的"症状"似乎条条符合 ADHD，但继续追问下去，又会发现其根本的不同。

正常顽皮孩子的好动往往出于某种目的，因此他的行为会有始有终，比如他在课堂上不举手就站起来抢答问题，其实是为了表现自己；他写作业时确实三心二意，有一点响动就分神，但是看自己喜欢的电视时却津津有味，还不允许别人在旁边说话打扰。而 ADHD 孩子的行为多是没有目的性的，他们的动作杂乱无章，有始无终，还不停变换花样，比如上课时一会儿玩铅笔，一会儿咬指甲，一会儿又做鬼脸逗同学笑，常常在老师讲话时突然插话、敲桌子或离开座位，表现出很差的自控力。正常调皮的孩子不伴有情感和行为异常，在老师和家长的引导下能得到控制；而 ADHD 孩子则屡教屡犯，还会伴有情绪障碍，比如退缩、回避、幻想、孤独等。

要提醒家长们的是，ADHD 的诊断是一个非常复杂的过程，需要有儿科专业知识背景的医生确诊才行。确诊需要经过详细询问病史、临床检查、多项测试之后才能做出综合判断，我们非专业人士是不能给孩子下多动症结论的。也没有证据表明，ADHD 的产生和父母的管教不严直接相关，但是父母不恰当的对待，却有可能引起孩子的对立情绪，导致问题行为加重。

对确诊的 ADHD 孩子，严格的管教通常是无效的，因为孩子能听到也能理解父母的话，但是在生理上仍然无法控制自己，就像明明知道别人的东西不可以乱碰，但他无法在行动前思考，往往是犯了错误才想起来规则。父母如果此时对孩子施加惩罚，并期望他从错误中吸取教训，也许对正常顽皮的孩子有效，但对 ADHD 孩子来说效果甚微。

所以，对于被误贴上"多动症"标签的孩子，妈妈们要明白，好动是孩子的天性。如果孩子精力旺盛非常好动，那就多多创设让他活动的环境和场景，让他去户外充分"放电"。

而针对 ADHD 孩子，家长们可以做些什么呢？

首先就是给予足够的宽容和耐心。孩子是因为 ADHD 才出现学习困难、问题行为等，并非故意如此。他需要我们的帮助。

其次是需要多去了解、学习 ADHD 相关知识。这样才能对孩子表现出来的症状有更好的认识，从而有针对性地寻找应对和解决的方案。

再次是创造良好的家庭教育环境。研究表明，如果对 ADHD 孩子的行为采取适当的干预，比如多使用鼓励和表扬，尽量从正面评价孩子做的事，而不是指责他不遵守道德规范，是可以有效帮助孩子建立正确行事方式的，也可以减少孩子对父母的攻击、逆反行为。

最后是配合医生进行科学有效的训练治疗。我们不要轻易给孩子贴上多动症的标签，但是一旦孩子被确诊为 ADHD，就不能讳疾忌医，而是需要积极地寻求科学的治疗手段进行干预。

有必要补充说明的是，ADHD 孩子通常十分敏感，他虽然自我控制力弱、调皮捣蛋，但内心也十分天真浪漫、纯粹细腻，这是他外表和内心矛盾的地方。如果父母能感同身受地好好养育孩子，把他内心美好的一面激发出来，即使是 ADHD 孩子也能成长得很好。

无论是对于 ADHD 孩子，还是正常的顽皮孩子，家长都需要好好引导，投入更多的关注，通过陪伴、游戏、鼓励等方法让孩子建立一种"通过努力可以改变自己行为"的自信，慢慢延长专注时间，进而帮助孩子改善坐不住的问题，减小对日后生活的影响。

丹丹贴士

★ 多动症的诊断需要有儿科专业知识的医生参与。

★ 不要轻易给孩子贴"多动症"的标签。

★ 给孩子足够的宽容和耐心。

★ 多去了解、学习关于多动症的知识。

★ 创造良好的家庭教育环境。

★ 配合医生进行科学有效的训练治疗。

亲子阅读有办法

01

亲子阅读，何时开启最好

坦白说，最开始陪着孩子读绘本是一个不得已的选择。我 36 岁才有孩子，在 22 岁大学毕业后基本都在湖南卫视工作，做记者、主持人、制作人。我会的东西不多，不会琴棋书画，不会唱歌跳舞，在艺术方面实在没什么可以教给我的孩子，但是孩子一天天长大，作为父母，我必须借助某件事来和孩子保持交流。所以，我想到了自己坚持了多年的阅读，而且阅读也是一件可以让我自得其乐的事情。

想到这儿，我就开始了"行动准备"。摆在我面前的有两个问题：让孩子阅读的目的是什么？什么时候开始最科学？

首先，让孩子阅读的目的是什么？经过了一番思考，我把这个目的确定为希望孩子能通过阅读获取智慧和幸福。世事纷繁，当她无聊时阅读可以让她丰富，当她躁动时阅读可以让她平静。人类在书籍中记录了从古至今的所有美好与智慧，只要她愿意，就可以把这些书当作陪伴她一生的朋友。通过阅读，她

随时随地的绘本阅读

还能获得终身学习的能力，这样的能力加上一颗明亮的心，她便会拥有幸福的能力。

　　对于第二个问题——什么时候开始阅读最科学，我也实实在在地做了一番研究，最后决定从彩旗 1 岁开始跟她进行亲子共读。

　　为什么从 1 岁开始呢？因为这个时候有三个重要的准备孩子都完成了。

　　◆视觉功能基本发育成熟，能看得清书上的图画细节。

　　◆可以听懂简单的对话。比如，当我对彩旗说"宝宝，和妈妈一起来看书哦！来，让我们一起来认识一个新朋友"时，她基本可以理解我说的是什么意思。

　　◆能独立坐好了，可以和妈妈并排坐着看绘本，享受和妈妈相处的亲子时光。

如果把亲子阅读这个概念再扩展一点，把爸爸妈妈单纯给孩子读书、讲故事也视为亲子绘本阅读的话，那孩子6月龄之后爸爸妈妈就可以讲书上的故事给他听了。最新的脑科学和心理学研究证明，孩子出生后父母多跟他说话，让孩子熟悉父母的声音，熟悉父母说的句子，这些词语和句子对孩子而言都是很好的语言刺激，可以有效帮助孩子学好语言。

不过，父母要注意，6月龄孩子的视觉功能还在发育之中，世界在他看来还是不太清晰的，所以这个时候不应该让孩子自己看绘本，而应该通过爸爸妈妈的眼睛来看，也就是爸爸妈妈把他们看到的读给孩子听。这时候童谣书是很好的选择。

比如，我家老二在6个月大的时候，我就会每天安排固定的时间，和他一起躺在床上，读书给他听。我用这种方式来增加对孩子的语言刺激，也让他慢慢熟悉阅读这件事，让他意识到，每天固定的时间，妈妈都会用温柔的声音来给他读书。

丹丹贴士

★ 亲子阅读最佳开始时间是1岁。因为1岁的孩子在生理和心理发育方面都做好了亲子阅读的准备。

02

给孩子读的第一本绘本如何选

一直以来，我都是阅读的受益者。从上大学开始我养成了系统阅读的习惯，20 多年来买书、看书从未间断。生彩旗前半个月我开始休息，为了能更好地迎接我家的新生命，当时买了大量的育儿书来读。也正是在这个阶段，我第一次接触绘本，然后被深深吸引。因为自己做深度谈话节目主持人十年的工作习惯，我把绘本作为一个深度研究项目，把它搞了个清清楚楚、明明白白。

纸上得来终觉浅。尽管做了深入的了解，孩子出生后，我给她买绘本的过程中还是走了不少的弯路，所以我才能更深刻地意识到给孩子读的第一本绘本有多重要。

结合自己给孩子买绘本、读绘本的经验，我从四个方面分析如何给孩子选好第一本绘本。

第一，绘本要足够有趣。今天，孩子们生活在一个视频产品超级丰富的时代，相对于电视、电影的丰富多样，书籍的呈现形式相对单一。如果一本书不够有趣的话，就无法吸引孩子远离手机、电视、Pad，静静地坐在爸爸妈妈身边，共享听和读的美好时光。所以有趣是绘本选择的第一个原则。

第二，绘本要足够美。绘本就是以图画为主要表现形式，辅以文字故事的专为儿童创作出版的读物。而且，不同的绘本有不同的画风，如水彩、油画、水墨画等。无论哪种风格，总体来讲父母要给孩子选色彩鲜艳和谐，一看就让人赏心悦目的。这是一条很重要的挑选标准。

第三，绘本的文字是有讲究的。给一两岁孩子选的绘本，图画在整本书中所占的比例最好可以达到90%，每一页上的文字最多只有一两行。而且文字的逻辑也要比较简单，重复性较强。也就是说，整个故事中，会反复出现某一句话，但每一句的中间会替换一些名词、动词或者形容词。语句出现这样的重复，更符合一两岁孩子的认知规律。

第四，绘本内容要足够贴近生活。就是绘本里的故事要跟一两岁孩子的日常生活有直接关联。孩子一看就明白，一看就能跟自己的生活想到一起去，他就会觉得有意思，有看下去、读下去的欲望。如果这个绘本还有比较强的互动性，就再好不过了。

我在和两个孩子开启亲子共读的时候，都选择了同一本绘本。它就是美国著名的绘本大师艾瑞·卡尔的《从头动到脚》，故事很简单，但有趣极了！

故事的主角是一个小男孩，讲的是他和不同的动物对话。企鹅问他："你可以像我一样转头吗？"小男孩回答说："我会转头。"大猩猩问："你会像我一样耸肩膀吗？"小男孩回答："我会。"

我一边给孩子读，一边会同步做书上的动作。比如，当我读到鳄鱼问"你会像我一样摆尾巴吗"的时候，我会真的趴在地上，模仿鳄鱼摆尾巴。无论是老大还是老二，每当我读到这一段时，他们的反应总是惊人的相似，都会坐在床上看着妈妈笑到不行，然后自己也趴到地上，模仿我的动作——边扭着小屁股，边奶声奶气地重复着书里的话："你会像我一样摆尾巴吗？"

那真是我和孩子们的美妙时光，孩子的笑脸深深地刻在我的脑海里。我相信，那一刻的欢乐，同样也永远地留在了孩子们的心中。当他们长大、远行的时候，只要想起这个和妈妈一起摆"尾巴"的时刻，无论和我相隔多远，在孩子的心里，都会有相视一笑的温暖。

所以，这本《从头动到脚》是我推荐妈妈们买给孩子读的第一本亲子阅读的绘本。不管你的孩子是 1 岁开始亲子阅读，还是 2 岁、3 岁才刚刚接触绘本，这一本都是最佳之选。而且，这本绘本也是每当我的朋友、同事的孩子到了可以阅读的年龄时，我送给他们的首选礼物。

当然，每个孩子有不一样的偏好。在这里，我还有几本绘本推荐给你们，分别是《棕色的熊、棕色的熊，你在看什么？》《阿福去散步》以及"小熊宝宝绘本"系列和"噼里啪啦"系列等，都是非常优秀的绘本。希望可以帮助你们和孩子们共同开启美好的亲子阅读时光！

丹丹贴士

★ 给孩子读的第一本绘本就像给他喂的第一口食物，是为孩子一生的阅读习惯和口味奠定基础的。

03

怎么读绘本，能让孩子爱上阅读

第一，我会按照书上的文字一字不漏地读，不做人为增减。

我在前面推荐过一本非常经典的绘本，叫《棕色的熊、棕色的熊，你在看什么？》。这本书以一种动物接龙的方式把颜色和动物的名字串了起来。同时，它的文字也非常有特点——每一页的句子是完全一样的，只是每一页都替换一个颜色的词和一个动物的名字。

书的第一句话在画面的左上方——

棕色的熊、棕色的熊，你在看什么？

画面右下方的回答是——

我看见一只红色的鸟在看我。

接下来的一页上，画了一只红色的鸟，文字是——

红色的鸟、红色的鸟，你在看什么？

右下方的回答是——

我看见一只黄色的鸭子在看我。

作者之所以用这样重复的语句，就是因为他对这个年龄段孩子的认知特点有

两岁后，彩旗每天睡觉前都要读五本绘本，大年三十都不例外。
"糟糕，花格子大象它遇到危险了！"

充分的认识。爸爸妈妈翻看这本绘本时，可千万不要觉得这些文字简单，就按自己的想法，人为增加文字甚至故事情节。这样做，反而破坏了孩子的阅读节奏，提高了孩子的理解门槛。

这里还有一个小提醒，就是我在读比较长的名字时，为了方便孩子理解和记忆，会找个有趣的短名字来代替，念给孩子听。很多经典绘本在引进过程中，因为要高度忠于原作者的写作内容，所以故事主人公的名字往往比较长。每到这个时候，我会给孩子介绍这个情况，然后用一个短一点的名字来代替。

第二，我会声情并茂、全身心投入地读绘本给孩子听。

给孩子读绘本的时候，一定要充满感情，而且遇到对话时，还要像演员那样，用角色扮演的方式去读。比如，有一本书我给老大老二都读过，叫《是谁嗯嗯在我的头上》。一两岁的孩子对大小便特别感兴趣，这本书其实是通过"嗯嗯"（大便）给孩子展示了各种动物排泄物的不同特点，读起来很有趣。

故事的主角是一只小鼹鼠。它不知道是谁"嗯嗯"在了它的头上，于是气呼呼地去寻找答案。它找到很多动物，比如鸽子、马、野兔、山羊、猪、苍蝇等，问是不是它们"嗯嗯"在自己的头上。画面中每种小动物的表情都很生动，所以在阅读的过程中，我们可以模仿每一种动物的神态、语气甚至动作，把动物们的有趣对话"演"出来。每当我给两个孩子读这个绘本的时候，他们都会觉得有趣极了！还会跟我说："妈妈再读一遍！"

刚开始的时候，可能有些父母会比较不习惯。但请相信我，这么做一定是值得的。你会觉得在给孩子读绘本的时候，自己好像也变成了一个孩子，重生了！而且，这样读绘本，会让孩子觉得这个绘本这么好玩儿，从而对阅读自然而然地产生兴趣。

还有两个小建议，可以更好地帮助父母把握亲子阅读开启阶段的节奏。

建议一：在刚开始亲子阅读的一个月，每次和孩子共读一本书。我把亲子阅读的时间安排在每天晚上临睡之前，而且每次读完一本书之后，就会把书合上，笑着告诉孩子："好了，我们跟书说晚安吧，明天见。"然后，就可以愉快地关灯睡觉了。

这样坚持每天给孩子读一本绘本，一个月后，很多孩子就会说："妈妈，再读一本，再读一本。"那么，爸爸妈妈可以根据孩子的情况再给他读一本书。

建议二：允许孩子反复阅读同一本书。

很多孩子都喜欢反复读同一本书，这种情况是非常正常的。因为对孩子来说，他们只有在反复阅读中才能完全理解一本书，从而获得成就感和掌控感。这也是他们继续阅读的动力所在。而且，一本书如果能被孩子要求反复读，说明这本书很对孩子的胃口，孩子或者能在这本书里找到情感的共鸣，或者能与当下生活联系起来，或者就是真的觉得很有趣，读完觉得特别开心。不管是哪种原因，你都要允许孩子反复阅读，不要进行干涉。

丹丹贴士

★ 读绘本时要忠于原文，一字不漏地读、声情并茂地读，甚至用角色扮演的方式去读。

★ 最开始的一个月，每天晚上读一本书就好了。

★ 反复阅读一本书是孩子的天性。

04

亲子共读，爸爸不能缺席

一般来说，中国家庭传统的分工是男主外女主内，爸爸把更多的精力放到了在职场上打拼。虽然从孩子的生长发育规律来讲，3 岁之前，孩子安全感的建立很大程度上来自和母亲的情感联系，因此 3 岁之前孩子的绘本主要由妈妈陪着读是没有大问题的。但是，3 岁以后，孩子的活动范围变大，已经从小家庭逐渐走了出去，除了日常的吃饭、睡觉之外，孩子面对外面的世界时会产生很多问号。这个时候，父亲这个男性角色在养育过程中的进一步参与就显得尤为重要。

但很多时候，爸爸不是不想参与孩子的成长，而是不知道自己该用什么方式参与。其实，读绘本就是一种很好的方式。我建议即便爸爸再忙，也一定争取抽出 10~15 分钟时间，在晚上孩子睡觉前陪他读绘本，或者是周末休息的时候找一个专门的爸爸读书时间。

我家孩子爸爸工作也挺忙。有了孩子之后，我跟他认真地讨论过，希望他不管多忙每天都要留出 1 个小时的时间给孩子，这样对孩子性格培养有好处。

我先生非常支持这个提议，并且坚持得非常好。即便遇到特殊情况，工作日的晚上实在抽不出时间，他也会留出周末和孩子相处的"爸爸时间"。所以，在这一点上，我非常感谢他。

而且，绘本不仅是那些愿意参与孩子成长的爸爸的好工具，还可以进一步调动那些缺乏积极参与度的爸爸，把他们从"缺席"拉回正常的父亲角色之中。对待这样的爸爸，妈妈的"武器"可不是唠叨，而是以下这些爸爸视角的绘本。比如《爸爸，我要月亮》《有些时候，我特别喜欢爸爸》《我爸爸》《小熊和最好的爸爸》等得过很多绘本界大奖的作品就很不错。这些绘本的作者会考虑到父亲这个角色在儿童成长过程中的重要性，特意渲染出父子之间的真挚感情，让整本书既有趣又充满温情。

我就曾经借助几本爸爸视角的绘本，帮助了一位好朋友。我的这位朋友有一段时间因为老公不陪孩子而非常苦恼，后来我就买了上面提到的几本绘本当礼物送给她，还给她出了一招——让她等孩子爸爸回家的时候假装很忙，让先生帮忙读这几本书给孩子听，不着痕迹地让他受教育。果然，我的朋友后来告诉我，这一招非常管用！那天，她老公陪着孩子读完《有些时候，我特别喜欢爸爸》这本绘本之后，主动跟她聊天。她老公说："哎呀，书读完了，我觉得很惭愧啊！平时，我陪孩子的时间还是少了，花样也不够多啊，这个我要反省反省、调整调整。"后来这几本书，就成了我经常送给那些不太参与育儿的爸爸们的礼物，效果都很好。

你看，这些绘本既丰富了孩子和爸爸之间的亲子时光，也可以引起爸爸反思：我是不是真的有那么多的应酬必须要去？我在孩子的童年时期可不可以减少一些非必要的事情，每天高质量地陪孩子 15 分钟？我回家是不是可以把手机放下，陪着孩子读一本绘本？而爸爸陪孩子阅读、游戏这些看上去很小的事，等孩子长大了，就是父子（女）之间最美的回忆。

丹丹贴士

★ 爸爸参与亲子阅读，可以让孩子和爸爸有更多的共处时光和沟通话题。等孩子长大了，这些美好的时刻就会成为父子（女）之间最珍贵的回忆。

05

怎么给孩子挑选绘本

挑选绘本的标准很多，在养育老大彩旗的过程中，我买了 6 年绘本，也陪孩子读了 6 年的绘本。我给绘本做了一个新的分类，即想象力故事绘本、功能性绘本和科普类绘本。

想象力故事绘本指的是专为儿童创作的脱离现实生活的故事绘本。在这些故事里，孩子可以实现很多生活中不太可能实现的想法，比如邀请老虎来家里做客，骑着恐龙去上学，拿一支笔就画出一个虚拟世界，或者成为童话里的王子、公主。

这是孩子们最爱的一类绘本，这类绘本的画面一般都特别漂亮，很多动物，如老鼠、狮子、老虎、恐龙、猫、狗等都拟人化了，成了孩子们的朋友，满足孩子们天马行空的创意。

功能性绘本，可以用来帮助孩子解决成长过程中的问题。故事主角经常是可爱的动物，或者孩子的同龄人。一两岁孩子的功能性绘本以帮助孩子养成良好的卫生习惯、礼貌教养为主要内容，比如饭前便后洗手、上完厕所冲水、去游乐场排队、见到别人打招呼等。3-6岁孩子的功能性绘本，内容就会多一些，除了培养良好生活习惯的内容外，还会增加如何控制自己的情绪，以及如何与人交往等内容。

科普类绘本就更好理解了。比如，地球上的各种动物都有什么样的生活习性？在我们生活的地球之外，其他星球上面又是什么样的？宇航员是如何上太空的？恐龙是怎么灭绝的？飞机、高铁等交通工具是怎么生产出来的，又是如何服务于我们的生活的？这些都属于科普类绘本的范畴。

此外，还有一些绘本介绍了世界上的不同国家、不同文化、不同人种、不同地貌，可以开拓孩子的眼界。可能对一些妈妈来说，带孩子外出旅行并非一件能够立即实现的事情，而这一类绘本就能很好地弥补这一缺失。说到这儿，真要感谢这些绘本的作者，是他们的创作，让孩子们即便是生活在一个偏僻的小城市里也可以看到世界之大。

基于这三大类绘本的界定，父母在给孩子选购绘本的时候，就可以按照年龄特点进行筛选。

◆ 1-3岁的孩子，我建议以想象力故事绘本和功能性绘本为主。

◆ 4-6岁的孩子除了以想象力故事绘本和功能性绘本为主外，还可以扩展到科普类绘本。

除了把内容作为挑选绘本的标准，文字量也是一个重要的标准，

我建议父母分4个阶段来考量：

无论出门去哪，孩子们的包包里都随身带着书

◆ 1~2 岁阶段，图画占到整本绘本页面的 90%，每一页最多不超过两行文字就好。

◆ 2~3 岁阶段，图画占到整本绘本页面的 80%，每一页有 2~3 行的文字，故事情节相对简单。

◆ 4~5 岁阶段，图画占到整本绘本页面的 60%~70%，有完整的情节，每页文字可组成一个小小的段落。

◆ 5~6 岁阶段，绘本文字量增大，内容也可以拓宽范围，甚至涉及哲学、死亡等较为抽象的概念。

丹丹贴士

★ 1~3 岁的孩子，以简单的想象力故事绘本和功能性绘本为主。

★ 4~6 岁的孩子，除了想象力故事绘本和功能性绘本，还可扩展科普类绘本。

生命教育有办法

01

不可忽视的性教育

在第一版的《妈妈总是有办法》里，我曾写过一篇"不可忽视的性教育"，里面谈到了性教育的重要性和一些基本方法。在这本书出版后的一年里，仍然有非常多针对孩童的性侵事件引爆媒体和舆论，其中涉及未成年人网络送养黑链条、熟人性侵、未成年人侵害幼童等，让妈妈们除了愤怒，也有深深的无力感。

这样的恶性案件无法杜绝，因为世界上就是有心理扭曲、想要伤害别人的人，而且孩子容易成为性侵害的对象，很大的原因是罪犯判断孩子（尤其是年龄小的孩子）没有足够的自我保护意识，对危险缺乏辨识力和警觉性，他更容易得手。

既然不能给这个社会进行免疫治疗，罪恶不可能凭空消失，那么我们就需要把关于性教育的知识告诉我们的孩子。性教育的责任在家庭和学校，但实际情况是，学校教育中，因教材缺乏、学时不够、师资力量匮乏等，目前进行性教育的基本途径并不通畅。

而在家庭教育中，很多父母并不会主动跟孩子讲授性教育的知识，甚至很常见的现象是，父母会制止孩子谈论性器官；当低龄的孩子对身体和性别表示兴趣时，父母甚至会向他灌输羞耻的观念，这都给孩子的性权利意识淡薄留下祸根，导致孩子在遭受性侵害时不知如何应对，甚至不认为是侵犯性行为，也可能拒绝寻求监护人的帮助。只有打破了这些陈腐观念的桎梏，坦荡、科学地给孩子教授性知识，我们才有可能真正做好保护孩子免受侵害的第一责任人。

如何给孩子做好性教育，这里有四个要点：

要点一，明确哪里不能摸、不能看。比如，小背心和小内裤覆盖的范围除了爸爸妈妈和进行必要检查的医生之外，其他人都不可以碰触。当然，别人让你去摸他的隐私部位也要大声拒绝。

如果孩子受到大人尤其是成年男性的碰触，不管对方是否有意，一定要大声告诉那个人"不可以"，同时向其他人求助，并且第一时间把事情的经过告诉爸爸妈妈。

小女孩跟小伙伴们玩时，如果穿的是小裙子，一旦坐下来，要用裙子把自己的内裤盖住。去游乐场等游戏场所前，最好换上裙裤，便于活动又不会露出小内裤。

要点二，树立隐私观念。孩子能独立上厕所时，一定要把门关上。孩子外出玩耍时，衣服脏了或者弄湿了要换衣服时，大人要带孩子去洗手间的隔间里更换。

要点三，借助绘本进行性教育启蒙。性教育启蒙绘本有很多，比如《小威向前冲》，讲述了一颗精子与卵子结合，形成受精卵，最后长成宝宝的故事。通过拟人化的方式，帮助大人解决了不知如何开口跟孩子谈性的尴尬，而且也把比较难以理解的知识进行了降维，方便孩子理解。类似的绘本还有《乳房的故事》《小鸡鸡的故事》《我爱我的身体》等。

要点四，父母自身加强性知识的学习。我们要清楚，性教育的主体责任人不是老师，而是父母。但是，我们的传统文化是羞于谈性的，更不会跟孩子谈性，这导致在很多孩子的成长过程中，性教育这一环始终是缺失的。但是，只有让孩子对性知识有足够的认识，才能最大限度地保护孩子免受性侵害。相应地，父母也要加强自身的学习。在这里，我推荐父母抽出时间，阅读国内著名儿童性教育专家胡萍女士的《善解童贞》系列图书。这套书全面系统地介绍了儿童性教育的相关知识，能够帮你全面了解孩子性心理的发展规律，学会回答孩子提出的有关"性"的问题，教会孩子防范性侵害。

在这里我还想补充说一说性教育里的几个误区，希望家长能够在教育孩子的过程中避免这些误区，认识到这件事的重要性，并且马上行动。

第一，陌生人误区。家长常常告诉孩子，不要跟陌生人走，而事实却是超过一半的儿童性侵案件发生在家人、照顾者、亲戚、老师、信任的熟人、有权威有地位的体面人身上，有统计显示，熟人作案的比例达到了90%。所以防性侵只防陌生人是远远不够的。犯罪嫌疑人利用熟人身份，更容易接近孩子并取得信任。妈妈们可以用孩子听得懂的语言这样表达：坏人可能长得跟楼上的叔叔一样帅，跟楼下的阿姨一样漂亮，跟隔壁的爷爷奶奶一样慈祥。而且如果孩子对你提起有熟悉的人对他做出奇怪的举动时，千万不要忽视，或者以为是孩子的臆想，妈妈们一定要第一时间去验证，杜绝可能发生的危险。

第二，女孩误区。无论男孩、女孩，都可能受到儿童性虐待，不只是女孩，男孩同样要防性侵，且男孩在遭遇性侵时更容易受伤。妈妈们千万不能因为我家是男孩，就抱有侥幸、大意的心理，而忽视对孩子的性教育。而且，在对男孩的性教育中，妈妈们也需要教育男孩必须尊重他人，不要做出伤害别人的行为，成为加害人。

第三，隐私部位误区。家长在给孩子的防性侵教育中需要教给孩子哪些是隐私部位，如"泳衣泳裤、背心小内裤遮住的地方是隐私部位，别人不可以随便碰，如果别人让你碰他的隐私部位，那他就是坏人"，但仅仅告诉孩子这些还远远不够，如果不教会孩子拒绝所有让他感到不舒服的拥抱、抚摸、亲吻，那么等到他想拒绝时，可能已经来不及了。妈妈们需要跟孩子明确，如果有人想要亲你、摸你，哪怕是熟人，让你觉得不舒服，这也是危险的信号，要大声说"不可以"。

第四，只有成年人会性侵儿童。在对孩子进行性教育的时候，不仅仅要告诉孩子"别大意，邻居怪叔叔可能就在你身边"，许多儿童性侵案件也发生在力量悬殊的未成年人之间，很多案例是处于青春期的未成年人对低龄孩子做出侵犯行为，而由于双方的年幼，家长很容易忽视。我们要提醒孩子需要小心的人绝不仅是"叔叔"。

第五，小概率事件。性侵害的发生概率不亚于交通事故，但因其敏感性，不发声、被隐瞒很常见，甚至有的孩子由于缺乏认识根本不能判断自己正在被侵犯，这些数据均无法统计在内。我们看到的性侵害事件只是冰山一角，还有很多我们看不到的性侵发生在隐秘的角落。这也警醒父母，对孩子进行性教育是家庭教育里不可缺失的一环，且刻不容缓。

此外，由于孩子的理解能力和应对能力有限，妈妈们可以用角色扮演的方式把性教育场景化，在具体的场景中给孩子实战的经验，避免孩子真的遇到侵害事件时因为慌张和恐惧，无法调动学习到的知识，愣在当场无法做出反应。比如爸爸可以扮演游乐场里的陌生爷爷，提出给孩子糖果，想看他的内裤。妈妈询问孩子应该怎么回答。当孩子做出拒绝的反应时，爸爸妈妈一起肯定、表扬孩子的反应。当孩子做出错误的反应时，爸爸妈妈则需要教孩子具体的话术，比如大声喊："不可以摸我，我要告诉我的爸爸妈妈！"

妈妈们，不要对孩子的性教育羞于启齿，重要的"性"将影响孩子的一生。

丹丹贴士

★ 明确哪里不能摸、不能看。

★ 树立隐私观念。

★ 借助绘本进行性教育启蒙。

★ 父母自身加强性知识的学习。

★ 规避以下误区：陌生人误区、女孩误区、隐私部位误区、成年人误区、小概率事件误区。

02

如何做好孩子的食育

"食育"是一个舶来词，最早是在日本被提出。20世纪60年代开始，日本经济进入快速发展阶段，在这一时期，日本有人提出了"食育"这个概念，并且在幼儿园以及家庭中普及，以解决孩子"吃什么，怎么吃"的问题。作为全世界人均寿命最长的国家之一，日本的食育概念是值得妈妈们了解和学习的。

深入了解食育这个概念后，我在给两个孩子准备食物的过程中，总结了七条建议。

建议一：在孩子2岁前，给他提供多样的食物。

当我的两个孩子一岁多一点可以自己吃饭的时候，我就有意识地给孩子搜罗世界各个地方的营养食物，让他们从小习惯多样的食物和吃法。比如，法国的奶酪是很好的食物，我们很多成人吃不惯，一岁半的孩子却非常喜欢；保存了小麦麸皮的意大利面，比常见的精致白面做的面条营养更丰富，我们家每周有两天早上的主食会选择这种意大利面。

建议二：大人养成的不良饮食习惯，不能在孩子身上复制。

我是湖南人。湖南的饭菜重油、重盐，所以这里高血脂、高血压、高胆固醇的人特别多。我就有意识地把孩子的饭菜和大人的分开，大人要吃放辣椒的菜，就在辣椒放到锅里之前把孩子们吃的先盛出来，从小让孩子们适应口味清淡的食物。而且在家也尽量减少做菜时放的油量、盐量，让全家人都吃得更健康。

建议三：尽早教会孩子判断食物是否有营养。

我们带着孩子去超市时，会带孩子对比牛奶以及其他乳品饮料的成分表，告诉孩子，有且只有生牛乳才是对身体最有益的，很多乳品饮料往往添加了很多香精、色素，这些虽然改善了口感，但对身体却没什么益处。另外，为了让孩子少喝饮料，我还会进一步带他们去做小调研，了解饮料的成分构成以及对人体有哪些危害。

建议四：鼓励孩子不管什么食物都要尝一口。

我会这样和孩子约定：尝一口后，如果真不爱吃吐出来就好，但如果连一口都不肯尝试，万一是美味不就错过了？这个办法挺管用，孩子不会觉得被逼迫，很多时候反而会让他爱上一种新的食物。

建议五：换着花样给孩子做食物。

很多有营养的食物，比如西兰花、洋葱、青椒，孩子并不是那么喜欢，这个时候就非常考验我们的耐心和小巧思了。

比如，我会把很多有营养但孩子不肯吃的食物悄悄地换一种做法，或者给它的外形来个大改造，然后再慢慢地引导孩子喜欢上它。现在有很多便捷的食物料理机，可以很快把食物打碎，改变食物的性状。比如，我们可以把蔬菜打成汁，和到面里做成各种颜色的面条、包子、饺子，孩子不仅不会排斥，丰富的颜色还可以激发他的食欲。

建议六：尽量减少孩子接触糖的机会。

"我们要不要邀请小河马和你一起来尝尝新食物？" "美味吗？"

    糖对孩子来说，不仅增加患上龋齿的风险，还意味着过高的热量。我家一直都有不买糖回家的习惯，最大限度地让孩子减少一见糖就想吃的可能性。同时，在准备食物的时候，父母最好也不要在孩子的食物中加糖，或是给孩子吃很多甜点。给孩子准备加餐时，可以考虑用新鲜水果、奶酪以及全麦面包来代替蛋糕、饼干等。

    建议七：早餐比晚餐更重要。

    这一点对中国家庭来说尤其要注意。我们中国的家庭普遍对晚餐很重视，而早餐经常就匆忙对付了。实际上，科学的饮食观念提倡早餐要吃得特别好，晚餐要相对吃得少一些，因为晚上吃太多会加重肠胃负担，影响睡眠。

    我几乎每天都会给孩子们准备营养丰富的早餐。因为每天上午是脑子最清醒、工作效率最高的时候，尤其是老大上学后，学校里的语、数、外基本上都安排在上午，所以必须给孩子准备足够让大脑高效运转所需要的营养。

另外，在日本，食育除了要解决孩子"吃什么，怎么吃"的问题，还包括了解饮食文化的传承、食物与大自然的关系、对食物有感恩之心等内容。比如，日本孩子在上幼儿园期间，会自己种植并采摘各种蔬菜。这些与食物相关的活动，能让孩子了解食物的生长过程、营养价值以及营养的搭配，重建人与食物、人与土地、人与自然之间的关系。这些做法，在有条件的情况下都值得我们借鉴、学习。

丹丹贴士

★ 在孩子 2 岁前，给他提供多样的食物。

★ 大人养成的不良饮食习惯，不能在孩子身上复制。

★ 尽早教会孩子判断食物是否有营养。

★ 鼓励孩子不管什么食物都要尝一口。

★ 换着花样给孩子做食物。

★ 尽量减少孩子接触糖的机会。

★ 早餐比晚餐更重要。

03

如何为孩子创设安全的生活环境

对父母而言，孩子的生命安全是头等大事，没有什么事情比它更重要。与其等到危险发生后再去后悔，我们不如从生活中的细节入手，防患于未然。而且，不同年龄段，给予孩子安全保护的侧重点也要有所不同。

下面，我就分龄讲述每一阶段的重点：

0~8月龄：这个阶段安全问题相对较少。大人最要注意两件事：窒息和跌落伤。我注意到，现在很多年轻爸妈在抱孩子时会看手机，坐着时还好，上扶梯或者行走时仍然不时拿着手机刷剧，这存在很大的安全隐患，是一定要避免的。

8~12月龄：孩子可以在地上爬了，我们需要把家里彻底做一次清洁，把可吞咽的小颗粒类东西清理干净；把家具的尖角用软材料包起来，以免孩子撞到尖角受伤。

1~2岁：孩子在这一阶段多半已经学会走路了，这就意味着他的活动半径大了，探索愿望强了。在这一阶段，我们尤其要注意水、火、电这三大类潜在危险，因为它们对孩子造成的伤害是不可逆的。大人一定不能马虎，要提前做好防范，在源头上切断安全隐患。比如，家里烧热水的电水壶一定要放在孩子够不着的地方，而且旁边不要有任何孩子可以攀爬的矮凳子；所有的插线孔最好用带保护的插座，以免孩子好奇用手指去抠；厨房门要随手关上，不让孩子单独进入。

如果孩子有意或者无意做了事关水、火、电这三类可能造成不可逆伤害的尝试，大人不要过度惊慌，但一定要在第一时间制止孩子。并在保证安全的前提下，耐心且态度坚定地给孩子讲清楚。我们的坚定会让孩子认识到事情的严重程度，有助于孩子养成好的安全意识。

2岁以后：孩子活动范围从平面空间向立体空间发展，所以我们要格外注意高处跌落伤害的发生。不太高的地方大胆让孩子尝试，但比较高的有危险的地方一定要告诉孩子，可以尝试，但要提前喊大人在旁边保护。

比如，我家的高低床就是老二最喜欢的玩具。他天天乐此不疲地爬上爬下。开始的时候，我也担心他摔下来，想阻止他，但又担心这样做会阻碍他对于空间的探索。所以，我跟他说："你可以和姐姐一样爬高，但你还小，爬高之前要拉着大人的手说：'大人请保护。'等大人站在你身后了，你才可以爬上去。"孩子答应了这个"前提条件"，既能玩得很高兴，也免除了安全隐患。

学龄阶段：上幼儿园和上小学的孩子还有一个很具体的安全问题，就是过马路。一般来说，在幼儿园和学校门口都会有减速的标志和提醒，但总是有一些司机不遵守交通规则，在经过学校路段时速度非常快。

我家的办法就是带着孩子一次次练习如何安全过马路。尤其是送老大上小学时，我们会有意识地把车停在离学校比较远的马路对面，牵着孩子的手，告诉她看到车子应该先停下来判断车速，如何识别车辆的运动轨迹，怎么判断司机是减速了还是没有减速。

另外，在玩运动类项目如玩滑板、溜冰及平衡车时，一定要戴好护具，以免造成身体伤害。

这里需要补充说明的一点是，妈妈们可能也注意到了，近年来孩子过敏的状况越来越多，过敏跟遗传、环境的污染、空气质量的下降等有很大的关系。但还有一个原因需要引起妈妈们重视——过分讲究干净。现在生活条件好了，妈妈们是谈"菌"色变，恨不得使出浑身解数把孩子保护在真空里。但是，人的身体里或者皮肤表面是有上千种细菌的，其中有些有益的细菌保护着我们身体机能的正常运转，而如果滥用消毒剂、除菌剂，把这些有益的细菌也杀死，身体菌落的平衡就会被打破，导致人体内的免疫系统一发现细菌就启动应激反应模式，出现过敏的症状。所以，我要强调的是，我们需要给孩子提供的是安全的环境，而不是无菌的环境，孩子玩泥巴、在地上摸爬滚打都是成长的方式，妈妈们不要过度保护。

丹丹贴士

★ 分阶段给予孩子不同的安全保护。从生活中的细节入手，防患于未然。

★ 不要过分讲究干净。

这个是什么呀？

04

如何让孩子理解死亡

在孩子成长的过程中，家长们不可避免地要面对孩子提出的这个问题：死亡是什么？如何回答好这个问题，成了令很多爸爸妈妈头疼的一张考卷。

我的同行白岩松曾说过：中国人最缺的就是死亡教育，但是，只有让孩子懂得死亡，他才能体会到生命的重要。

在我们的传统文化里，是非常避讳谈死亡这个话题的，认为这不吉利，哪个孩子如果在大过年的时候不小心提及了"死"字，一定是会被大人们"呸呸呸"的。大人们这种讳莫如深的态度，只能让孩子觉得死亡是一个不可触碰的禁区，它到底意味着什么，对人生的意义在哪里，全部被禁锢在大人们的避而不谈里。

但逃避并不能将死亡从生活中赶走，它仍然是我们每一个人终将要面对的话题。尤其是孩子对生命的感悟，通常来源于对死亡的认识。根据发展心理学对孩子死亡认知的研究，孩子从3岁开始，已经能慢慢理解物体的消失与死亡。如果孩子向你提起这个话题，请不要无视这个对孩子进行死亡教育的契机。

那么，面对孩子关于死亡的第一问，妈妈们究竟要怎么回答呢？

首先可以借助绘本。

有很多非常优秀的关于生命主题的绘本，比如《爷爷变成了幽灵》《活了100万次的猫》《獾的礼物》等，都非常适合用来给孩子讲"死亡"这个抽象的话题。这里重点推荐一本《一片叶子落下来》，书里讲述了一片叶子由春天的绿，到夏天的最为生机盎然，再到秋天的红橙，最后枯萎，离开树枝，归于大地的过程。

妈妈们可以告诉孩子这个过程其实就是死亡，每一个生命都像树叶一样，经历孕育、发芽、绽放和凋零，大自然就是这样生生不息地运转着。我们人类也是如此，我们像叶子一样在生的时候努力绽放自己，经历和体验这个世界上美好的事物，给别人带来快乐，找到生的意义，在死亡来临的时候平静地飘落，让生命得以用另一种形式延续。

其次是可以和孩子一起来绘制家庭树。

家庭树就是我们的家庭图谱，爸爸妈妈可以跟孩子一起从下往上画，宝宝—爸爸、妈妈—爷爷、奶奶、外公、外婆—太爷爷、太奶奶……可以边画边讲一讲每个人的故事，拿出他们的照片给孩子看一看。而越往上画，孩子也越能够感受到生命的可贵，少了家庭树上的任何一个人，我们都不会出现在这个世界上，这就是一种生命的传承。我们无法避免死亡，但是可以把这份爱一代一代传递下去。

皮克斯动画工作室有一部非常优秀的探讨死亡的动画片《寻梦环游记》，在亡灵的世界里，如果他还活着的亲人都把他忘记了，人世间没有一个人记得他，那么他就会彻底地消失，这才是真正的死亡。

我们可以告诉孩子，家庭树上的很多人已经死去了，他们没有了心跳，没有了呼吸，我们再也见不到他们。但只要我们愿意，依然能记得他们，可以继续爱他们，并且带着他们给予的爱和力量去生活。

最后告诉孩子，直面死亡，才能更懂得生命的意义。

就像那片叶子一样，它找到的生命的意义是：体验这个世界的美，为他人带来快乐。在每一个孩子的身上，也都藏着自己的生命密码，都有自己独特的使命。在生与死之间，如何完成我们的使命，解开生命的密码，才是我们最需要关心和为之努力的。

我们许许多多的人，就是在这个过程中，让生命绽放光彩，照亮他人，让这个世界一点一点变得更好。这才是我们不拒绝谈论死亡、不畏惧死亡所应该找到的关于"生"的意义。

海德格尔说"向死而生"，大抵也就是关于死亡的终极答案了。

丹丹贴士

★ 借助绘本跟孩子讲死亡。

★ 和孩子一起绘制家庭树。

★ 告诉孩子直面死亡，才能更懂得生命的意义。

活着，就要经历和体验这个世界上美好的事物

二宝家庭有办法

01

怎么面对二宝到来之后大宝的失落

随着二宝出生，很多大宝都可能因为害怕被二宝分走父母的关注和爱而失落，甚至产生对二宝的嫉妒。这可能是所有二宝家庭都面临的问题。

在我家老二1岁之前，我们还庆幸是不是因为在老大彩旗的成长过程中，给了她足够的陪伴和安全感，所以在她身上没有发现失落感和焦躁感，算是完美避开了这个糟心事。

但老二1岁之后，事态开始不同了——因为老二表现出对父母的强烈依恋，老大这个时候感觉到被挑战了，开始出现危机感，觉得爸爸妈妈要被抢走了。再加上这个时候的弟弟已经不是当初那个睡在婴儿床里的小人儿，可以随时去逗一逗，玩一玩，他开始有了自己的意识和主意，"占据"了本来属于姐姐的妈妈时间。而且，老二还会像跟屁虫一样，模仿姐姐的所有行为：姐姐干什么他干什么，姐姐要什么他也要什么。彩旗反应非常大，跟弟弟发生了很多次冲突，甚至把自己变成了一个小刺猬，弟弟弄出来一点儿声音都会觉得烦躁。

老大身上的问题在一年级下学期变得非常严重：一是她的学习成绩出现了相当大的波动。我们分析了她的试卷，不是因为没搞懂知识点不会做，而是粗心大意造成的；二是老师在期末给她写了一段评语，对她缺乏学习兴趣表示了担忧，这跟我们平时对她的观察得出的结论是一致的。

我和她爸爸讨论之后，认为情绪的波动对孩子的生活和学习都造成了很大的干扰，让她没有办法集中精力，很容易把一些小事放大。说实话，我心里是有很大的挫败感的，因为我一直认为彩旗是我用科学的方法和陪伴带大的孩子，这种事情不会发生在我的家庭。然而，这件事不但发生了，而且还特别猛烈。

后来，在跟其他二孩妈妈聊这个问题时，我发现这是一个普遍现象。其中，有一位妈妈，她家老大甚至说："在弟弟来之前我活在天堂里，他来之后，我活在地狱里。"可是，她家老二当时已经 4 岁了，老大还处于这种情绪当中，真是让人既焦虑又心痛。也许，在这件事情上本能是胜过教养的。一个本来属于自己的东西要被抢走了，分走一部分，孩子会本能地展现出一种失落感和焦虑感，更严重的还会表现出攻击性，这与大宝是不是有教养真没有任何关系。

妈妈在面对这个问题时，如果一直把原因归咎到自己身上，怀疑是不是自己付出得不够多，是不是给老大的爱不够多，很有可能会被这种情绪压垮。

我跟先生讨论之后，决定单独带老大去旅行，回到完全只有她跟爸爸妈妈在一起的亲密环境。我们根据她的年龄精心挑选目的地，也邀请了一个跟她关系特别好的小伙伴，保证她在旅行过程中一直保持兴趣。

在旅行中，我会有意聊起一些关于弟弟的话题，比如看到一些外国人带着几个孩子一起出门，大孩子照顾小孩子的时候，我会跟她说："你看他们家的孩子好多呀。我还记得有一次你也是像这样牵着弟弟去游乐场玩儿，但是后来你怎么就突然不高兴了呢？"在愉快和放松的环境里，老大会放下防备，把之前不太愿意跟别人说的想法说出来。

旅行半个月之后，我发现老大的变化很大。这个变化不是在旅行过程中突然发生的，跟平时我们给老大做的心理建设和情感疏导有关，但是这个变化是需要一个特别的时间和空间来发生的。

此外，要想解开大宝的心结，我认为需要非常坦诚地和大宝做一次交流，认真解答他的疑惑。孩子能分辨出来，妈妈是在认真对待他的问题，还是在敷衍他。

儿童心理学家皮亚杰的认知发展阶段论认为，2-6 岁的孩子尚处于前运算思维阶段，他们的思维活动需要具体事物的支持，尚不能进行抽象的思维活动。所以，一直以来，要跟女儿讲道理时我都会用上纸和笔，从听觉和视觉两方面入手，让孩子真的完全听懂我的意思。所以当彩旗跟我说："妈妈，为什么你对着弟弟的时候总是充满活力，对着我就总是说'好累啊'。我们俩现在睡前的聊天你都不说话了。我觉得自己没有妈妈了，只有两个爸爸了。"我就拿出了纸和笔，边画边跟她沟通："彩旗你看，妈妈生你的时候 36 岁，现在你 7 岁了，妈妈已经43 岁了。人的精力是在不断下降的。现在弟弟 1 岁多，你在弟弟这么大的时候，妈妈是全身心地陪伴你。妈妈也从你的身上意识到了这种陪伴是多么必要。所以，现在妈妈要留一部分精力给弟弟。妈妈就像一块电池，这里分走一些，那里分走一些，我就只剩下这么一点儿了。另外，妈妈觉得我们彼此是对方最信赖的亲人和朋友，在你面前，妈妈可能就不会掩饰自己的真实状态还有我的疲惫。"

在这次交流中，我也诚恳地请求老大的帮助。我跟彩旗说："你的不舒服弄得家庭氛围很紧张。你是家庭的一分子，你也要给我们一些支持。因为你的态度，你情绪上的波动，你的难过烦躁，妈妈也非常自责，觉得自己是个笨蛋，

从开始时的排斥弟弟到现在主动带弟弟玩，姐弟俩感情越来越好

对这种状况非常无力。妈妈不是在指责你做错了，而是想告诉你，谁都有情绪波动的时候，但是妈妈希望你用嘴巴说出来，或者写字条，不能用尖叫、扔东西这些方式。好吗？"坦诚地沟通之后，老大也哭了，说："妈妈对不起"。她的情绪有了宣泄的出口，心里的结才有可能被完全解开。

通过这次事件，我和她爸爸还做了三个约定：

一是在家庭中，保证有"姐姐时间"。我们每天必须有一个时间段是单独留给老大的。而且我们会跟姐姐提前沟通好晚上的安排：原来晚上有 3 个小时妈妈都在陪你，那现在有 1 个小时需要你自己安排，然后爸爸陪你 1 个小时，妈妈再陪你 1 个小时。

二是要无条件地对老大好。老人说"帮大不帮小""骂小不骂大"还是有一定道理的。因为老大进入情感更丰富、认知更敏感的时期，出现过激行为的可能性也更大。二宝毕竟还处于比较懵懂的状态，偶尔一两次的偏帮不会对他产生巨大的影响。但是这种"帮"肯定不是毫无原则的，需要界定边界。需要更偏向对老大的心理照顾，而不是毫无道理的偏帮和宠溺。所以，在姐弟俩产生小矛盾时，比如弟弟想要拿姐姐的玩具，我们从不会说"你是姐姐，你要让着弟弟，让他玩一会儿没关系"之类的话。而是告诉弟弟："这是姐姐的东西，你如果要拿，必须得到姐姐的同意。"并且让他模仿着说："姐姐，我可以玩这个吗？""姐姐，我们可以一起玩吗？"弟弟现在每一次要玩姐姐的玩具或者要拿姐姐的东西时都会很自然地问："姐姐，同不同意啊？"

三是在老二面前树立老大为榜样。我有一个朋友，妈妈是教育学的博士，她家的两个孩子相处就特别融洽。弟弟特别崇拜哥哥，哥哥对弟弟也特别好。朋友说她平时会有意地在弟弟面前多夸哥哥，例如"哥哥很棒""哥哥真聪明""哥哥对你真好呀"。久而久之，弟弟就成了哥哥的小迷弟。这样一来，哥哥也不会认为弟弟夺走了爸爸妈妈对自己的爱，反而非常乐意帮助大人照顾弟弟。

丹丹贴士

★ 要对大宝的情绪给予足够重视，但不要把问题全归咎于自己。

★ 非常认真且坦诚地跟老大交流，诚恳地请求老大帮助。

★ 保证老大时间，无条件地对老大好。

★ 在老二面前树立老大为榜样。

02

如何合理处理二宝冲突

二宝家庭，无论如何都没办法避免两个孩子产生矛盾，甚至冲突。在养育老大和老二的这几年里，我发现除了在日常生活中想方设法增进两个孩子之间的感情之外，在紧急状态下找到一些处理原则，也是十分有必要的。所以，我把自己总结的三条原则分享给你们。

原则一：面对冲突，父母需要观察，不要快速地介入。

其实，父母的介入看似能快速解决矛盾，但实际上却会破坏孩子自己学习的过程。两个孩子在这个过程中会有进攻，有协商，有妥协，有和解。只要没有对彼此造成身体伤害，且事态可控的情况下，我的建议是观察，等待，让孩子们自己想办法。如果父母总是不恰当地介入，那么孩子就始终无法学会自己去解决问题。

原则二：介入时不要骂孩子，因为粗暴不能解决问题。

如果冲突已经向不可控的方向发展，你就不得不介入了。但是这种介入不是猛虎下山或一声喝令式的，你也不能慌张或充满对抗，否则局面可能会进一步失控。哪怕是演，也要镇定，语气要温和。

如果你一直跟他们在一起，非常清楚事情的来龙去脉，那么可以用游戏等转移孩子注意力的方法，不着痕迹地介入这个问题。当一方或者双方的情绪平复下来，再来解决问题。

如果你当时不在现场，那么一定要还原事情的真相，蹲下来，目光平视孩子，听每个孩子都说一说事情的经过。不要用自己看到的部分结果来武断地下结论——判断是哪个孩子犯了错误。很多时候，孩子需要的其实就是妈妈和他们站在一边。当你认真地听他们讲述，实际上也是在帮助孩子平复情绪，让他们感受到妈妈温柔而坚定的力量。

妈妈们尽量用"发生了什么事情，我想听你们都说一说"的开场白，而不要用假设或者质问的语气来询问孩子，比如："你为什么抢姐姐的东西？""你为什么打弟弟？"因为这种沟通一开始就建立在指责的基础上，对平复孩子的情绪没有任何帮助。

原则三：跟孩子一起来探讨解决问题的办法。

弄清楚事情的来龙去脉之后，父母要和孩子一起来探讨问题的解决方法，只有这样，才有助于孩子的成长。父母要给孩子足够的信心，相信他们解决问题的能力和创意，给他们这个机会，他们很可能还给你一个远超出想象的"好点子"。而且在这个过程中，孩子会懂得自己的意见是被尊重的，问题是自己主动参与解决的，而不是父母帮忙搞定的，在下一次遇到相同的场景和事件时，他们才会调动既有的经验，自己去化解矛盾，在潜移默化中提高自身积极解决问题的能力。

我要特别提醒的是，跟大宝的沟通一般会复杂一些，建议你找一个安静的环境来沟通。先听他说，一定要把大宝当作一个独立的生命个体，充分了解他的想法，再说一说你的想法。切记，陈述事实或说出想法时，都要客观，不要翻旧账，更不要预设立场。

尤其大宝是男孩时，父母更要引起重视。因为男孩往往更不愿意跟父母沟通，所以需要花更多的耐心引导孩子把感受说出来，不管是好的、坏的、愤怒的、高兴的……给孩子说话的权利。有的父母可能觉得我们家是男孩，皮糙肉厚，没那么敏感，没有关系。但是，坏情绪天长日久郁积在心里，往往容易让孩子认为是自己不够好、不够优秀，所以爸爸妈妈总是偏向老二。一旦男孩开始怀疑自己，变得自卑，那么他的成长很有可能发生偏差。

现在，我家的两个孩子相处比之前好了很多，但偶尔仍然会爆发小规模的战争，不过我的内心已没有以前的焦灼，因为我渐渐懂得了一个道理——没有这么水深火热的冲突，可能姐弟俩的感情也不会这么深。毕竟，人与人的情感联结如果少了这种温度，过于理性，往往就会变得"冷冰冰"，不是吗？

丹丹贴士

★ 父母先观察，不要快速地介入。

★ 介入时不要骂孩子，因为粗暴不能解决问题。

★ 跟孩子一起来探讨解决问题的办法。

其乐融融

03

老大总是"欺负"老二怎么办

　　"和老大的任性、暴脾气不同，老二乖巧又懂事，完全是小棉袄。""和老二的散漫、不认真相比，老大总是主动做事，学习自觉，还会帮忙做家务。"没错，二孩家庭就是这么爱比较，妈妈们虽然不会当面给孩子打分，但毕竟总会看到两个孩子之间的差异，私下里也难免流露出这样的想法：一个妈生的，怎么就差别这么大呢？

　　我在享受两个孩子带给我的幸福之余，也经常面临两个孩子带给我的鸡飞狗跳。老二对姐姐黏得不得了，简直是跟屁虫和应声虫；老大则对弟弟嫌弃得不得了，经常喊他"小不点""喂""讨厌鬼"。5岁的年龄差，两个人依然会每天爆发"抢玩具、谁多吃了一块或者谁动了谁的东西"这类主题重复的大战，我们试图调解，跟两个人都讲道理，但基本是无用功，解决了这一次，下回照旧。老大还很容易失落，比如妈妈多抱了弟弟一次，也能哭得痛彻心扉，得出"你为什么只关心他"的结论，进而影响心情，影响学习。

　　我在本章第一篇里提到了几个原则：第一，保证每天有绝对专属的"老大时间"，不是"陪着陪着，老二一哭你又跑过去了"的那种；第二，因为老大的情感发育更充分，心思更细腻，所以要认真对待、处理好他的每一种情绪，尤其是已经上学的孩子；第三，加倍对老大好。

可是怎么能做到这几点呢？如果不是真正地理解老大，就算是把这几条写出来贴在墙上，只怕执行起来也是空头支票。怎样做心理建设，其实取决于你怎么看待自己的孩子，是否从孩子的角度来反观了自己。比如孩子们的争抢中，老大一动手，你就赶紧扑上去，"弟弟还小，你就不能让着他么"。这时老大的行为被定性为嫉妒、不愿分享、对老二缺乏爱。一旦妈妈用负面评价定义了老大的行为，那么他在妈妈出声制止的那一瞬间，就会感受到不被疼爱或妈妈偏爱老二的委屈。他的缺失感根本不在于输了玩具，而是输了妈妈的爱。

如果妈妈能体察到这一层，那么你将向真正的"老大时间"迈出一大步。首先，你在心里确认一条基本原则，就是你的孩子都是善良的，没有哪个更体贴、哪个更善妒或哪个更好的区别。而且你的两个孩子天生是互相依恋的，他们之间有割不断的血缘亲情，所以即使闹矛盾、动手，那也不能定性为"打人、伤害"。如果只是发生了口角，或者有一些并不严重的小动作，妈妈应该视而不见，学会隐身，让他们自己处理，在这个过程中找到和对方相处的边界，这也是给孩子们自己摸索和成长的机会；如果即将产生危险的行为，妈妈才应该去干预："你是不是想跟弟弟开玩笑？他太小、太弱，你这个动作有可能会给他带来很大的伤害，我们能不能换一种方式来跟弟弟玩？"这样既告诉了老大他的危险行为可能产生的后果，又把他的这个行为做一个善意的转换，避免用"嫉妒、霸道"这一类词去给他贴标签。我就见过一次，两个孩子滚在地板上打打闹闹，玩骑马、打仗之类的游戏，老二不小心从老大的背上滑了下来，本来嘻嘻哈哈的场面瞬间变冷，老二吓哭了，老大马上准备辩解。我走过去说："我看你们玩得挺好，只是马刚刚受了惊，不小心把骑手从背上颠下来了，看来下次还是要找匹安全的马来骑才好。"孩子们一愣，"还是去骑木马吧"。如此化解了一场大战。

其次，妈妈们不要被传统的观念和别人的评价左右，强迫老大必须让着老二。这种貌似正确的观念其实有大问题：凭什么要求几岁的孩子放下天性，拱手让出自己爱的人、爱的东西？成人遇到自己坚持、执着的东西，也有谦让不了的时候，何况是把安全感完全建立在妈妈身上的孩子？所以，我认为妈妈应该屏蔽外界评价，包括亲人、老师、朋友的评价，把"我的孩子都很好"放在心上，在对待两个孩子的时候，真正一视同仁。这样，你们家制定"老大时间"才是真正有效的，不会因为你要照顾更小孩子的情绪、饮食、特殊状况等，而随时可以把老大的时间让渡出来。一次一次的例外，会让老大失去对妈妈的信任，他能感受到你的"两个都爱"不是真心话，"两个都重要"其实是小小孩更重要。信任的失去，要重新建立需要花几倍的时间。当然，我说的一视同仁意味着给老二的时间也应该是完整的。

另外，要想消除孩子总觉得妈妈更关心另一个的看法，除了完整的单独陪伴，还需要花心思去改善孩子间的关系。当着两个孩子的面，无论是打招呼、拥抱、评价，都应该是同等的。私下里，则可以经常对老大说"你简直是弟弟的偶像，他对你崇拜得不得了"，他会从这样的评价里，建立自己想要变得更好的决心和对弟弟的保护欲；在弟弟那儿则可以多多表扬哥哥，"哥哥今天买东西的时候一定要给你也买一份，看，哥哥总是惦记着你"，让弟弟时刻感受到"有了哥哥，真真正正是多了一个人爱他、关心他"。而且，别看俩孩子在家里争起玩具来都是一副"我希望再也不要看见你"的表情,真到了外面,在陌生的环境和人群里,谁要想夺走弟弟或姐姐的某样东西,两个人绝对会瞬间放下芥蒂,结成联合战斗小组,马上替对方出手站台,这绝对是史上最牢固的联盟关系。

最后,我想聊聊两个孩子的差异。尽管我一直说要真正对两个孩子一视同仁,但是这并不能抹杀他们是不同的个体,有着不同的性情和成长的轨迹。养育老大时,新手妈妈大多一路战战兢兢,对孩子照顾得更"精细";到了老二时,因为有了经验,可能更加放松、自如,也就是所谓的"老大照书养,老二照猪养"。由此我也很明显地感受到了两个孩子的不同:老二更会察言观色,更会"来事儿",越是看姐姐挨批评越要故意煽风点火;老大则更为敏感,一旦发现弟弟得到我们更多的关注,就会想方设法捣蛋来吸引我们的注意力。我时常会为我观察到的这些而哑然失笑,这真是二胎家庭里甜蜜的烦恼,但这就是他们一点点成长的痕迹,也是他们用自己的相处方式来建立亲密关系的路径。所以我现在面对他们隔三岔五的"明枪暗箭",也越来越坦然,因为,我现在就抱着两个都是我心头肉的认知,让他们自己随意相处,过不了多久,他们自然而然会有一套属于自己的亲密关系的逻辑,那种互信的程度,搞不好很快就要超过他们对我的信任,说不定还会让我感到嫉妒呢。我坚信这一天一定会到来。

丹丹贴士

★ 不偏不倚,我的孩子我都爱。

★ 不要强迫老大必须让着老二。

★ 花心思主动去改善两个孩子之间的关系。

★ 正视两个孩子的差异。

进阶篇

有时间就带孩子出门看世界，宁夏的沙漠记录了一个愉快的周末

如何帮孩子
找到幸福感

01

孩子总抱怨无聊怎么办

2020 年 4 月，当"张丹丹的育儿经"短视频号的直播做到第 40 场时，全国各地陆续传来预备开学的消息，直播间里的妈妈们都有点小开心。的确，这段被禁锢在家的日子对所有人来说太不容易了，尤其是对于与孩子日夜"缠斗"的妈妈们。

这个超长寒假是很多家庭难得的完整的亲子时光，也是 24 小时不间断、360 度无死角的母子或母女对峙的时光。大约在不准出门的家庭禁令颁布一个星期后，很多孩子就受不了了，开始每天念叨"哪都不让去，好无聊""好无聊，我要看电视""电视也好无聊，我要出去""我要无聊死了""我就是要出去，谁都别管我"……

我们看新闻，知道全世界都在应对新冠肺炎这场未知的恐慌，隔离是古老但有效的办法，医生们在电视上苦口婆心：每个人好好宅在家就是共同战斗。可是，孩子哪会管这些呢？他只知道自己好久都没有从小山坡上猛冲下去了，小花园里的花草、泥巴不知道怎么样了，水里的鱼啊，好久也没尝过我水枪的厉害了。

　　城市孩子的天地本来就不大，哪像我们小时候。我出生于上世纪七十年代，在湘潭的厂矿宿舍区度过童年。要知道，上世纪七八十年代中国各地的大型厂矿就是一个个浓缩的小社会，有医院、商店、学校，我们甚至还有自己的篮球俱乐部比赛。人们彼此熟悉，互相关照，孩子都是放养的。暑假一到就被送到乡下爷爷奶奶家，那简直是困兽出笼，天地间任我行。我自认为心胸比较开阔，可能跟童年的生长环境也有关。

　　我可能是中国最后一代被放养的城市孩子，到了我的孩子，也只能放学就接回家，周末带去参加一些活动，寒暑假带去一些地方旅行，放养是不可能的了。但没有哪个妈妈不知道，孩子的脚步会影响他的视野，视野塑造他的格局，格局影响他的命运。所以才有那么多自然教育训练营、国际夏令营。可是现在，新冠病毒以及病毒带来的相互撕扯，正让世界关上门窗。

　　也许在未来很长一段时间内，世界都是危险的、封闭的，我们的孩子不会看到各种思想、文化和产品像以前那样快速涌入，也不能随意跨境旅行。无法亲眼看到、亲自感受世界的丰富，长期面对不变的日常，感到无聊恐怕是无可避免的。那么，妈妈能做什么呢？

　　我想，我会想尽办法让他感知世界。

　　我们一起搭建一个生态角，把泥土、植物、小虫引进来，跟孩子一起津津有味地观察这个小角落每天的变化。我会在不经意的时刻启发他们，有时候我们要把自己代入小虫的视角，去发现周围环境里的微小变化；有时候我们要站在上帝视角，看到家庭、社区、学校以外还有更广大的世界，而不满足于只当一只小虫。

　　我们在家谈论天气，3月底连续几天气温上升，外面一定春暖花开了，出

孩子用童真拯救世界

不去，那就一起看看别人拍的照片，果然植物园的郁金香已经开了，很遗憾是不是？翻出去年我们在花丛中的照片来看看，分享一下我们的看花记忆。长沙的春天很短暂，但只要出太阳就很舒服。疫情期间我会穿一件薄毛衣站在楼下看海棠，看很久很久，因为那一刻觉得一天再累再辛苦都值得。我希望我的孩子也能被这些东西打动。我固执地认为，小时候，一个家物理空间的大小，影响着孩子心理空间的大小。

我采访过很多大家，说起影响自己的重要的事情，他们大多会提到童年、少年生长的地方，蔬菜瓜果、泥土花草，甚至街上卖小吃的摊贩洪亮而悠长的吆喝声，都成为深深印刻在他们记忆里的密码。故乡就是一个人最初看到的世界，关于故乡的记忆会塑造一个人。

我还会让他们看见我在做什么事，让他们看看即使我们足不出户，也可以关心这个世界，和这个世界产生关联。比如，直播40场的这一天，我给法国的朋友寄了100个口罩，在此之前，给美国的朋友也寄了一箱口罩。我从朋友口中得知外面世界的情况，也向他们讲述中国的情况，我们在电话里互相表达关心。这些事，我都当着孩子的面做，让他们看到、听到。

孩子不会有意识地去看新闻，但你要让他知道，我们生活在这个世界上，要和世界发生关系。这一次，他们从妈妈的行为里了解到，疫情不止影响我们出门，也影响了几千公里外的很多人的生活。孩子如果感兴趣，那就拉着他们的手去地图上找找这些国家和城市。虽然现在还不能亲眼去看那些城市里的遗迹、博物馆、美术馆，没关系，他们已经看到了妈妈参与的事情，知道了这个世界需要我们去关心，并且值得我们为之付出努力让它变得更好一点。可能还产生了一点小小的兴趣——那里什么样？妈妈你以后会带我去看看吗？那一刻，小小心灵里的无聊被好奇踢走了。

还有一个对抗无聊的办法，妈妈们都知道，那就是阅读。阅读与个人的精神成长密切相关，这么好的亲子阅读时光，我们正好可以讲梵高、莫奈、舒伯特、贝多芬，讲意大利的建筑、希腊的神话、法国的咖啡馆；我们可以不受限地接触世界各地的文化，在文字里周游列国，鸟瞰历史。

所以，我特别希望妈妈能对自己的孩子说："是的，哪都去不了，但幸好我们还有很多方法可以观看远方的世界，可以感受脚下的泥土。亲爱的宝贝，让我们好好利用这段'无聊'假期，等世界解封，一起出去看看。"

丹丹贴士

★ 尽量让孩子感知这个世界。

★ 让孩子看到爸爸妈妈也在关心这个世界。

★ 带孩子进行亲子阅读。

02

为什么有些优秀的孩子不快乐

从小到大，你身边是不是总有几个"别人家的孩子"——学习好，表现优，是爸妈会用来"鞭策"自己的榜样？

我们小区里就有一个"别人家的孩子"。有一次，我看到他在楼下玩，他妈妈远远地走过来，这个孩子就像老鼠见到猫一样赶紧往家跑，他脸上惊恐的表情我至今印象深刻。后来我和别的家长交流，了解到这个妈妈对孩子非常严格，学习计划、时间管理都是妈妈规定的，不过家长们倒没有对这种严格表示异议，似乎这是培养优秀孩子所必需的一部分。

可我隐隐有点担心，一个孩子见了自己的妈妈为什么那么害怕？妈妈不应该是孩子最爱，也最爱孩子的人吗？这个孩子现在表现出来的功课和行为的优秀，能否持久？家长陪出来甚至逼出来的"优秀"，是真正的优秀吗？

我发现身边这样的例子并不少见。有些孩子小学一二年级成绩很好，三年级突然就掉下来了；有的孩子小学成绩优秀，上了初中就跟不上了；有的孩子在学校表现很好，毕业一进入社会就出现各种不适应。当然，我也见过在专制和高压的环境下成长的孩子，最终却长出了自由烂漫的天性，这也没什么不可理解的，每个生命都是一个奇迹。

当妈妈的不敢把孩子的未来交给奇迹，我们关心什么样的培养更有助于催生奇迹，什么样的教育举动有风险。事实上，逼迫就是一个高风险项。

周国平对一位家长说过一段很平实的话："你逼孩子学那么多东西，他将来就幸福吗？就成功吗？我才不相信，我觉得你现在搞这样一种错误的教育，结果一定不会好。我觉得老天让你当了父母，就是对你提出了更高的要求，你不能追随其他人。我是根本不在乎这些东西的，我孩子什么班都不上，现在好得很啊。"

他话里的意思是，当你从生命的长度，也就是"将来""以后""一辈子"来看待这个问题时，会开始思考，优秀到底能不能靠逼迫来实现呢？哪怕是靠逼迫实现了你所定义的"优秀"，孩子会不会快乐呢？

孩子一两岁，给他报个早教班；孩子三四岁，趁有时间多上点兴趣班；孩子五六岁，赶紧开始幼小衔接，早点学写字、算术、拼音；孩子上小学了，妈妈干脆不上班，天天忙着各种"鸡娃"。符合儿童生长发育规律的适度的良性刺激当然没问题，可问题在于热衷"鸡娃"的妈妈常常是不符合规律地拔苗助长。我相信以妈妈对自己孩子的爱，她绝对舍得下自我，做得到毫无保留的牺牲和奉献。可我担心的是，总会有以后的吧。

当孩子的个头超过妈妈，自我慢慢放大，对自由有了更多的渴望，并且有了足够的行动力，妈妈还要如何靠无缝紧盯来实现对他的"圈禁"？如果这种"圈禁"无法继续实施，那么妈妈又靠什么来确保孩子依然按你的计划来行动呢？如果他看起来"良好的学习和行为习惯"的养成只是出于对妈妈的臣服或安抚，那么一旦脱离了妈妈的视线，他还能继续保持良好的习惯吗？我们盯得住他的童年，甚至少年，还能够盯住他成年以后吗？

妈妈的逼迫和紧盯，有几层含义，一是代替孩子做选择，这个时间段你应该做什么，这些项目里你应该选什么，你就乖乖听妈妈的，妈妈是过来人，已经帮你避开了所有的坑，给了一个最优解；二是防止孩子不遵守你设计的规则，有时候这个规则还来自某个教育专家、某种约定俗成、某些别人家孩子能遵循的规范。家长给孩子选好了赛道，还要防止孩子在跑道上懈怠、偏航。

代劳和预防的背后是妈妈内心的不信任。不信任孩子自己能够做出"正确的"选择，不信任他能一直做"正确的"事。再往深了说，是不信任这个社会能容许一个人犯点儿错，不信任这个世界对优秀有一万种定义。在妈妈狭小的世界观里，孩子如果不能朝她定义的优秀的方向一直努力的话，那就将变成一个失败者，妈妈们自己附着其上的人生也彻底崩塌了。

现在你们知道我为什么对"很优秀，但是不开心"有深深的担忧了吧，我最担忧的是：孩子觉得自己的人生到底值不值得呢？

值得的人生只能靠自己定义：让我满足的到底是什么？我内心真正的需求是什么？我到底要追求一种什么样的人生呢？

没有标准答案。

各人的性格不同，你设想的一万种优秀可能都不是你的孩子想要的，他可能会定义出第一万零一种优秀，别担心他没有听从你的想法走一条便捷的大路，而是随性地选择了一条崎岖小道。只要这种选择是他发自内心的，他就会从中得到快乐。

如果你实在放心不下，或者眼睁睁看他马上要掉入一个陷阱，出于妈妈心疼孩子的不忍和善意，非想要向他灌输一点"防坑秘笈"的话，那么至少请你在开始说教之前，加上这样的词语：也许、可能、或者、想不想试试……这样在那个其实心里有谱的孩子看来，你不是古板又无趣的妈妈，你没有把成人的想法强加于他，你平等的态度让他想要听一听，或者听一听也无妨。

我想说的是，无论是传统认知里的优秀，还是现在不可知的将被下一代人创造出来的优秀，都源于自觉，"因自己有所认识而觉悟"。心理学家詹姆斯·希尔曼在《灵魂的密码》中，提出了"橡果理论"，就像橡果本身已经包含了成为一棵橡树的可能性一样，每个人从出生起就拥有成为独特的个体的潜能。妈妈要做的，应该是常常与孩子平等交流，触发孩子自己的思考，就像我给大家推荐的绘本《勇敢做自己》和《独一无二的你》一样，陪伴孩子找到自己的目标，接下来的事，是等他自己长成一棵独一无二的橡树吧。

丹丹贴士

★ 不要用自己优秀的标准来定义孩子。

★ 给孩子自由和空间，让他们去寻找自己的人生意义。

03

孩子说很不开心怎么办

"我对我的外婆也是无语了，我不想吃，她非要我吃，我做什么都要被她安排，我也知道，她是吃了很多苦才把我妈带大的，我应该听她的话，但是我真的很不开心，不想再这样被她控制了。"有一次，我无意中听到一个女孩在向她的好朋友倾诉，而这个女孩的年龄才 8 岁，我实在是感到非常震惊。孩子们之间这样私密的谈话让我反思，孩子真实的幸福感到底是什么？

可能是做了很多年访谈节目主持人的缘故，我喜欢提问，会好奇别人的生活。在直播间和很多妈妈沟通，看到她们在屏幕上打出名字、所在城市、有个多大的孩子时，我常常会想，她们的生活是什么样的，她们平时会和孩子进行什么样的聊天。

老大出生后，在她还是一个小婴儿的时候我就很喜欢对她讲话，她能开口说话后，睡前聊 15 分钟成为我们之间最温馨的亲子保留节目。我会天南海北地跟她东拉西扯，问问她今天有什么开心的事情，她有时候滔滔不绝，说她的伙伴、奇遇、各种搞笑的事；有时候只说一句"今天也没什么开心的"，就懒得继续聊了。

当然有的时候，继续追问会得到诸如被老师批评了、跟伙伴闹别扭了、想要的东西没得到等答案，但还有些时候，问来问去，就是纯粹的没有什么值得开心的事。

我开始思考到底是什么使人开心。我能马上列出让自己开心的 10 件事，可我不能肯定地知道女儿和儿子的答案分别是什么。因为开心是做自己感兴趣的事，他们知道自己真正热爱的是什么吗？他们的视野里有多少值得去追寻的兴趣？

奥地利儿童教育心理学家阿德勒认为，一个儿童，从婴儿早期开始，就在不停地努力成长，这种成长又与一种无意识形成的却永远都存在的目标，即对于伟大、完美、优越的展望保持一致。既然肯定孩子有追求伟大、完美、优越的内在驱动力，而追寻自己理想的过程是能使人开心的，那么妈妈要做的事就很明确了，让孩子发现自己。

发现自我，可能对很多成人来说，都是一个未解决的问题。

积极心理学 (Positive Psychology) 把人的动机分为两种：内在动机和受控动机，内在动机可以对应孔子说的乐知者和好知者，是出于喜欢或者道德、意义、价值而做某件事。而我前面说的那个 8 岁女孩的例子，则是明显的受控动机，她在外婆面前表现得乖巧听话，内心却十分抗拒被操控。她无法依照自我的意志行事，自然也不可能得到快乐和幸福。

当孩子对你说他不开心时，妈妈们应该感到欣慰的是，孩子是信任你的，愿意把他的情绪跟你分享，希望能从你这里得到帮助。那么妈妈们应该怎么回

"妈妈，你拍到了吗？我再跳一次。"

答呢？

　　我想，妈妈首先要做的还是蹲下来给孩子一个温暖的抱抱，问上一句：宝贝不开心了是吗？你想跟妈妈聊一聊吗？

　　如果孩子不愿意聊，或者一时半会儿也说不清，那我们就做一个安静的陪伴者。不用非得问出个一二三四五，也不用非使出浑身解数来让孩子开心起来，有时候他们可能就是突然被一点点小哀伤击中，我们只需要告诉他们：妈妈也会有这种说不出原因但就是不开心的时候，这只是我们情绪中的一种，它现在来找我们，我们就好好和它相处一会儿，妈妈也会在你身边陪着你。

　　如果孩子愿意聊，那我们就做一个好的聆听者。别插话，别指导，只要带着耳朵就好，好好利用这次沟通的机会了解你的孩子。如果只是因为被老师批评、与小伙伴闹别扭或者想要的东西没有得到这种具体的问题，那么妈妈们是有办法一一对应帮助孩子缓解情绪的。妈妈们既不要给孩子讲大道理，拿没有人总是一帆风顺来"鼓励"他；也不要对孩子的这些小情绪不屑一顾：小孩子家家，这些有什么可不开心的。如果孩子说，今天就是没有遇到什么有趣的值得开心的事，那妈妈们也可以告诉孩子：明天是不是可以尝试着做点让自己开心的事呢？

然后，妈妈们可以好好安排一下明天，给孩子一点小小的惊喜。比如早上起来的时候给孩子准备一个心形的煎蛋；下班的时候给孩子买上一本新书，内容不是他原来感兴趣的史前动物，而是罗伯特·斯科特讲述南极探险故事，说不定会帮助他打开一个新世界；篮球、羽毛球打得不错，周末要不要去试试其他运动——滑雪、攀岩，或者玩个魔方试试？去走一条没有走过的路，或许会遇见一种从没见过的昆虫，或许还会碰到一个新朋友。妈妈要做的，是把世界地图摊开在他面前，把日常生活中不常见的选择也带到他面前，让他去遭遇，帮他把兴趣的边界拓宽一点。

孩子一定会比我们走得更远，我坚信这一点。

所以我现在还是特别愿意和两个孩子睡前聊天，愿意不厌其烦地问他们这个问题："你的梦想是什么？你长大了想干什么？"很多育儿书会告诉妈妈，每天要跟孩子聊聊他今天经历了什么，没错，这是你打入他的世界必不可少的一步。不过我会建议你再多问问："宝贝，你今天又做了什么梦？有什么新点子吗？你明天打算去哪里探险？你长大了想成为像谁一样的人呢？"问这些问题，尤其是关于未来的问题，是不是太早了？孩子是不是还没有做好准备，会不会根本还没有能力思考未来？我的回答是，比起你每天提醒他"要脚踏实地""要从做好 1+1 开始""不要去爬那堵比你高的墙"，这些关于未来的问题实在是重要多了。

妈妈们除了需要了解孩子在现实中遇到的问题外，更应该去关心他肆意生长的精神世界。当下他碰到的问题，你可以提出有针对性的解决办法，那么未来的可能性呢？未来对人才的定义会是什么？他会进入什么全新的行当？他现在学习的东西能不能应付未来？他是不是有足够的韧性去面对想象不到的挑战？

你要做的，就是让孩子常常处于一种思考和期待的状态——"什么让我着迷？我想做什么？我未来要做什么？我要为此准备什么？"他内心真正热爱的东西，自然会让他愿意披荆斩棘，突破重围，不管结果是否如愿，他都在追求的过程中获得了内心的满足，得到了真正的开心。

丹丹贴士

★ 抱抱孩子，问问他是不是想跟妈妈聊一下。

★ 给孩子制造一点小惊喜。

★ 关心孩子的精神世界。

04

孩子为什么不关心别人

有一次跟一位前辈聊天，他问我怎么看待现在的年轻人。

我是这么回答那位前辈的：现在的年轻人学习能力强，见识多，智商高，改革开放四十多年给他们提供了充沛的物质条件，多种多样的知识渠道，而智商和营养状况之间的联系是一直被证明的。

他又问我，那问题呢？我说，中国实行独生子女政策后的这一批年轻人可能是全世界独一无二的一个物种，他们可能丢掉了作为人的某一部分，比如体谅、退让、协商。你会发现这代年轻人（大部分是独生子女）特别自信，敢于表达主张和意见，也特别容易离开，比如离职这类身体离开以及"老子不跟你玩了"的心理离开。因为在这些年轻人的成长路径里，他从来就没有觉察到他的世界里还有别人。

如果说想要追究根源、检讨缺失的话，会发现走到这一步并不完全是他们的错，而是成长环境缺失造成的。

我遇到过一个特别有意思的情景，拿来作为生物样本观察是极好的。我家老大五岁时，弟弟出生了。我们家里为了方便孩子玩耍，也为了安全，客厅里只留沙发和书架，中间让出大块的空间给他们。老二一岁时会爬、会喊姐姐了，那天他坐在客厅正中间的地板上玩他的小汽车，大人在餐厅吃饭，老大吃完了在阳台上看书，突然要我们帮她拿什么东西，但我们可能没有听见她的诉求，她就有点着急地要穿过客厅走过来找我们。当她穿过客厅时，发生了一件让所有人目瞪口呆的事——她直接从弟弟的手上面踩了过去，如入无人之境。我们一家人都看呆了，弟弟也在一瞬间蒙掉，过了几秒钟之后才哇的一声哭出来。

很值得玩味的是，听到弟弟的哭声，姐姐才回头看了他一眼："怎么了，哭什么，谁又惹你了？"她根本就没意识到她刚才直接踩在了弟弟手上。她为什么会这样？因为在弟弟没有出生之前，这个地盘就是属于她的，不会有另一个人趴在地上、挡在她前面的情况。而现在距离她脱离独生子女环境才一年，她还没从固有思维里调整过来，对家里的第二个孩子依然是没有感知的。

弟弟现在快三岁了，一个重要的工作就是在生活中时刻提醒姐姐，家里还有一个小孩哦。教育是什么，就是在生活场景中用自然出现的问题，促使他不得不去思考、应付、解决。现在姐姐就知道了，她拥有的东西可能弟弟也想要，自然要分些时间和精力去想：万一弟弟跟我要东西怎么办呢？我如果不想给他，要怎么跟他说呢？而在注意到了家里有个小弟弟之后，她也慢慢开始注意家里的其他人，比如她吃饱了想出去玩，但大人还没吃完哦；当她要求妈妈马上满足她时，突然想起妈妈才刚到家，水都没喝一口哦。

生活中不断被提醒"我的世界里还有其他人"，这就是二胎家庭的好处。就像语言学习一样，每天坚持十多分钟，才能保证足够多的输入，才会有效果；数学题每天做上十几道，数感才能慢慢建立起来。

仅有一个小孩的家庭，众星捧月，几乎没有需要争夺的环境，孩子也就完全不必顾及别人的感受。即使是教养、学养都很好的家庭，不断通过讲述和示范告诉孩子这些道理，那也绝对不如在他的生活中就存在这么一个人，出于一种危机感逼迫他去思考而来得真切。在独生子女的生物性里，没有协商和退让，只有我，我，我。独生子女只有到幼儿园才开始人际交往，但回到家又发生割裂，又从需要退让的环境转回到独占的环境。

作为两个孩子的妈妈，这是我生活中最真切的观察。生活中出现了这种问题，并不是独生子女的错，是物种的天性问题。作为独生子女的妈妈，最需要做的是保持幼儿园教育和家庭教育的一致性，学龄前最重要的是如何与他人相处的社会性学习，而不是学拼音、学写字、学数数，从幼儿园回到家，家人要做的就是告诉孩子，回家吃饭虽然不用排队，但你需要等家人到齐了再一起吃，不能说你饿了就是天大的事；家人虽然不会因为你抢东西就"不跟你玩了"，但你需要为这种行为道歉。如果说3岁前你还小需要呵护、优先，那么3岁以后，你的特权结束了。孩子从必须遵守规矩的环境一回到家，就是要拿什么拿什么，摔坏了就买新的，集体里学到的东西不能一以贯之。被这样对待的孩子，他的价值观很难统一。

所以，在对孩子的社会性教育的问题上，要避免两个倾向：

第一，忽视社会道德规范教育，本末倒置地把幼儿园教育的重心放在知识和特长的学习上，结果就是社会上出现一大批巨婴。

我带的团队里有很多大学刚毕业的实习生，但我还需要经常提醒他们：你们已经是成年人了，开会不要迟到、不要吃东西、不要把脚跷到桌子上，这些都是幼儿园就该掌握的。我女儿小学的班主任说，有一次有家长买了些礼物给

客厅一边放沙发，一边是书架和钢琴，空出最大的空间给孩子们玩。姐姐放学后给弟弟边画边讲了一个笑话

孩子们，老师帮忙发放，全班45个学生只有6个对老师说了"谢谢"。这声"谢谢"不应该是幼儿园就该学会的吗？老师后来为此举行了一场严肃的班会，我觉得这是很有必要的。原本在6岁前就该学会的规范，为什么没有完成？孩子没有这个意识，是因为家长没有把这当成一件重要的事来教给孩子。他们长大后即使再优秀，也会是一个优秀的孤独者，他的人生想必也不会很有趣。

第二，进入完美教育的魔怔状态，不承认孩子有探索、学习和犯错的过程，不允许他给自己丢脸。

只要孩子在公共场合出一点错，妈妈在旁人的目光里受到批评，就慌张失措，"你再叫我就走了""怎么这么笨"。这样的妈妈也许意识到了社会性教育的重要性，也非常注重孩子的礼貌修养，可是也走向了另一种极端——没有顾及孩子的天性。用太多的道理，太多的条条框框、教条主义捆住了自己的思维，也绑住了孩子，忘了成年人的学习也要时间，何况一个孩子？当旁人因为孩子的哭声、孩子制造的噪音把目光投射过来，妈妈们首先接收到的是眼神里的不友好和质问："怎么一个孩子都管不好？"于是瞬间爆炸："我怎么没教育？我读了那么多育儿书，我是受过高等教育的！"孩子为什么哭闹被妈妈漠视了，转头就开始骂孩子。

一个正常的妈妈首先应该安抚宝宝的情绪："宝宝，怎么不开心了？""宝宝，受伤了吗？"接下来该做的是带着孩子一起处理眼前的问题，如果孩子是因为无聊，那么妈妈就放下手机，陪他玩一会儿小游戏；如果孩子是因为需求没有得到满足，那就耐心地听听他到底想要什么，在不违反原则的情况下尽量满足他。

我们希望我们的孩子内心是丰沛的，只有内心丰沛的孩子才会愿意跟人分享、关注他人，才有可能具备与他人共情的能力。

面对孩子我为什么要管别人开不开心的问题，我希望妈妈能这样回答：

因为没有人是一座孤岛，我们生活在同一块土地上，别人的开心和不开心都与我息息相关。

丹丹贴士

★ 不要忽视社会道德规范的教育。

★ 允许孩子犯错。

如何让孩子
拥有安全感

01

孩子有分离焦虑怎么办

　　有一次我和女儿睡前聊天，问了她一个问题：你想长大吗？她一脸坚定地说：不想。我问，为什么呢？她回答说：因为我不想妈妈变老了。老母亲的心瞬间就融化了，这份天然的依恋和牵绊让当时只有 5 岁的女儿说出了这样的话，让我为妈妈这个身份而感到无比荣耀和骄傲，也让我特别珍惜这段时光，因为我知道它是短暂的。

　　所以我每次在直播间里听到妈妈们问"一岁多的孩子，每天妈妈上班就哭怎么办？两岁半的孩子害怕陌生人，总是拽着妈妈怎么办？抱着妈妈的大腿不愿意去幼儿园怎么办？"时，都特别想告诉她们，请珍惜孩子全身心依恋着你的时光，一转眼他们就长大了。

　　根据心理学家马斯洛的需求层次理论，一个人从出生到成年，他的需要是往上递增的，安全需要和生理需要属于低一级的需要，通过外部条件（比如父母）就可以满足，这两个层次的需要满足了，他就会向高一层发展，开始有追求归属感、被尊重和自我实现的更高层次需要。

孩子自从出生后，就开始有了吃饱、穿舒适、睡安稳的第一层需要；当他脱离大人的怀抱，迈出脚步，眼前的世界让他既新奇又恐惧，他必须让自己从未知的恐惧中脱离出来，这种需要就是安全感。一个只有一两岁的孩子在要和妈妈分离时，就会陷入对陌生和未知的恐惧，所以他只能调动自己的感觉器官，抱着妈妈的大腿放声哭嚎，甚至就地打滚，目的只有一个，都是求妈妈陪在身边，给自己安慰，以获得安全感。

这里还需要给妈妈们科普一个概念，就是儿童心理学家皮亚杰提出来的"客体永存"，意思是孩子理解了物体是作为独立实体而存在的，即使脱离了对事物的感知，但是依然知道这个事物是存在的。

几个月到一岁多的孩子还没有建立"客体永存"的概念，这也是产生分离焦虑的根源。他们害怕妈妈离开了就再也见不到妈妈了。

那么，怎么办？

面对越来越黏人的孩子，妈妈们首先要克服的是自己的分离焦虑，看到孩子哭得伤心欲绝不让自己离开，自己也忍不住掉眼泪，心里充满了内疚。妈妈们要认识到这是孩子成长的表现，如果自己也被拖入情绪的旋涡，对解决孩子的分离焦虑是没有任何帮助的。

其次，留足和孩子告别的时间。比如，妈妈上班前要与孩子面对面，看着他的眼睛，认真地告别："宝贝，妈妈上班去了，下班后一定早点回来陪你。"然后，郑重地拥抱一下孩子，微笑着转身离开，不要理会身后的哭声。等到下班回家，进家门的第一个动作一定是拥抱一下孩子，并对他说："妈妈回来了。我第一时间赶回来陪你。"

坚持这样做的次数多了，孩子也就会慢慢明白，爸爸妈妈不会无缘无故消失不见，他们因为工作或者其他原因离开了，之后也会回到自己身边，对自己的爱一直都在，也就慢慢习得了分离并不可怕。

有些妈妈在面对孩子的分离焦虑时，也会时常反思给孩子的爱是不是不够，或者疑心自己的孩子是不是一个高需求宝贝。可是养育中的很多时刻，就是"懂得了很多道理，依然过不好这一生"，道理都明白，但执行起来没时间、没耐心，只想马上解决当下的问题——是的，我们总把孩子当成一个"问题"——比如上班快迟到了，幼儿园的早餐快结束了，马上要离开某个地方了等，这时妈妈只有把孩子安顿好才能进行下一步，重心是后面那件事，而孩子的需求暂时可以放一放，以后再满足，所以掰开孩子的手，说出来的是"你这孩子太不懂事了，撒娇有什么用"，心里想的其实是"我的时间不够用了，你怎么不能配合一下呢"。临到各种关键时刻，妈妈就要求孩子是士兵，服从命令听指挥，不知不觉变成"我不要你觉得，只要我觉得"的霸道总裁妈妈。

在我看来，求抱抱、求妈妈不要走、求妈妈帮忙这些行为实在是再正常不过的依恋需求，而且真的只是小小的需求，耽误一点时间，多费一些口舌，换来稳定的亲子依恋关系，更长久的益处是，孩子从此有了"自我保护的据点""心灵的收容之地"，有了让他长大后能积极面对一切、处理好人际关系的基石。他不必再四处寻求依靠，因为已经有了妈妈这个稳定的港湾。

必须按时去幼儿园，上班不能迟到、请假，不管多么困难都要完成自己应尽的责任，责任心异常强烈的妈妈不容易做出退一步的决定，这也是困住亲子关系的症结。如果你知道绝不退让的结果是孩子成年后的安全感缺失、人际交往困难，还会这么坚持吗？

实在分不开，就一天不去幼儿园，或者请一天假陪孩子，这在我看来不是

学会冲咖啡了

什么无原则溺爱孩子的行为，也不会像老人说的那样使孩子再也甩不掉、永远长不大、变成妈宝。恰恰相反，心灵得到满足、不缺爱和支持的孩子，才会发展出自信独立的人格。遇到不得不逃避一次的情况，请告知家人不要因此嘲笑孩子，在你们俩的这段关系里，相信自己爱孩子、理解孩子的心没有错。

对于已经把"严格育儿"的理念贯彻了很久的妈妈，孩子的依恋需求长期得不到满足，他和妈妈的对话可能已经从"我不想长大"变成"我不要你管"，他表面上顽固地拒绝妈妈，内心深处其实仍然是那个希望妈妈能够来抱一抱自己的小孩儿。

丹丹贴士

★ 妈妈们首先要克服自己的分离焦虑。

★ 留足和孩子告别的时间。

★ 偶尔也可以打破规则，陪陪孩子。

02

孩子"不如"别人怎么办

中国孩子有个公敌，就是"别人家的孩子"，中国父母比较起孩子来，几乎都指向一个标准，就是成绩。为什么我们喜欢比较孩子的成绩呢？这背后有深层的社会性原因。这一届的爷爷奶奶们经历过社会动荡，过过朝不保夕的生活，饥饿记忆让他们到老都勤俭持家，谨言慎行。这一届的爸爸妈妈则是分数改变命运的亲历者或者见证者，不可避免地把这种记忆的深刻印痕延续到自己孩子的教育中。而中国巨大的人口基数，优质高等教育资源的稀缺，让竞争不可避免。而且从经济学的角度来说，一个社会越是贫富差距大，胜者通吃而败者穷死，教育的回报就会越大，父母就越倾向于"主动推娃"。在这样的历史背景和社会背景下，比较成绩就成了中国父母最热衷的事，他们不能输，孩子更不能输。

我的成长经历也差不多，小时候母亲总是很忙，无暇顾及我太多，而父亲几乎从不表扬我，因为我的前面总有"别人家的孩子"，这种情况下，要么被打败，要么越挫越勇，我幸运地属于后者。但是内心并不是没有伤痕的，直到上大学后开始看心理学方面的书，才发现自己并没有挣脱，被比较的环境好像消失了，但却演变成了另一种更深刻的内在问题——自我价值感低，渴求被外界肯定。

曾有一条社会新闻，一名 29 岁接受资助完成学业的硕士生因为失恋选择跳河。他从一贫如洗的家庭考上好大学，找到好工作，但最后只是失恋这么一件小事，就能成为压垮他的最后一根稻草。追根溯源的话，他虽然一路奋力拼搏杀出重围，改写了命运，但心里一直是把自己放得很低的，不能输的信念帮他克服了考试的重重难关，却不能帮他应对更复杂的感情，所以最后做出无法挽回的极端行为。

那回到孩子的童年，父母怎么才能摆脱这种拿"别人家的孩子"来比较的心态，帮孩子建立更稳固的自我价值感呢？

我的第一个建议是内省，去自己的童年里寻找症结。妈妈们自己是不是有一直被比较的童年记忆，你是不是做什么事都首先想要得到别人的认可，你是不是一个丢失了自我评价的人？你为了比别人过得好而不断学习，考证，挣钱，为了年老的父母亲的一句"做得好"而待在有面子但没兴趣的工作岗位上，然后，你因为隔壁孩子的期末成绩更高而责备自己的孩子，从"被比较"到"热衷比较"，你完成了角色转换。

如果说关于高考的记忆确实深入我们这代人的骨髓，那么怎么才能跳脱出来，更全面地看待即将进入学龄阶段的孩子呢？美国心理学家霍华德·加德纳提出的"多元智能理论"也许能帮到你。加德纳在研究脑部受到创伤的病人的过程中，发现了他们在学习能力上的差异。他认为传统强调的语言、数学能力，

孩子们基本上每天都会去户外玩耍

远远不是人类智能的全部，不同的人本来就具备不同的智能组合，比如建筑师、雕塑家的空间智能比较强，运动员、芭蕾舞演员的肢体运作智能较强，善于公关的人的人际智能较强，作家则是内省智能较强。

多元智能理论还在发展中，加德纳开始提出七种智能，后来又补充了两种。心理学家对人的认识尚且在不断加深完善，父母又怎么能总是用一套评价标准来衡量自己和自己的孩子呢？

所以，我的第二个建议是，从"多元智能理论"的角度去观察和定义自己的孩子，不要被一张成绩单遮蔽了双眼。每个孩子都有独特的优势。

仅仅凭借几门科目的考试成绩，就给孩子下断语、做评价，实在是极其幼稚且不懂教育规律的行为。且不说语、数成绩能不能反映孩子真实的读写和逻辑思维能力，就算他在语言智能和数学逻辑智能上有所欠缺，没有发展得很好，那么家长是不是也忽略了他在其他方面的优势呢？也许孩子对空间、形状、色彩具有很好的感知能力，也许他的运动能力很强，也许他特别擅长与人交往，也许他的好奇心和求知欲很旺盛……这些行为统统可以对应不同的智能模块，如果家长眼睛只看到显而易见的短处（比如成绩），而不费心去挖掘长处（比如不经学校考核的其他能力），那不是孩子的问题，而是家长的懒惰。

而且，只有极少数人能将某一种智能发展到超高的水平，一开始偏弱的智能，也可以经过适当的鼓励、激发而刺激到神经系统，并因此得到训练强化。孩子一开始会对自己偏弱的智能感到不自信，刻意回避这方面的训练，比如运动能力不足，可能就不喜欢体育课；语言能力不好，可能就不愿意表达。如果父母和老师并不去强调他的不足，而是肯定他在其他方面的优势，比如虽然跑步这种大运动能力不行，但剪纸这种精细的小动作很擅长；表达能力不行，但很热心，愿意帮助别人。家长通过肯定孩子的优势，然后有意识地带着他进入不擅长的领域，通过亲身示范和鼓励，让他不害怕尝试，这就是一个好的开始。

一个总是被比较的孩子，一定没有办法成长为一个高自我接纳的人。美国家庭治疗专家萨提亚认为，有较高自尊的人往往拥有内在的安全感，能够欣赏自己的能力和长处并接受自己的弱点和限制，为自己的决定负责，独立自主，适应变化的能力也较强。而低自尊的人依赖性强，常觉得自己没有价值，对自己和别人都缺乏正面评价；对自己很苛刻，不易接纳自己的弱点和限制，变化对他来说是一种威胁。

萨提亚描述了高自尊和低自尊的人群在想法上的差别：

低自尊	高自尊
我想要被爱	我正被自己和他人所爱
应对姿态：不一致的	应对姿态：一致的
我将做任何事情（讨好）	我会做最适合的事情
我要让你感到内疚（责备）	我尊重我们的差异性
我要从现实中分离出来（超理智）	你我都是整体当中的一部分
我要否定现实（打岔）	我接纳所处的环境
僵化的 评判性的	确证的 充权的 自信的
消极反应	积极响应
被家庭规则和"应该"所驱使	能够意识到多种选择和责任
通过外部定义 防御 压抑感受 停留在熟悉的环境中	接纳自我和他人 信任 诚实 接纳我们的感受、完整性和人性 愿意为不熟悉的事物冒险
关注过去，希望维持现状	关注现在，愿意改变

让孩子成为高自尊的人，唯一的途径就是父母无条件的爱，坦然接受孩子的"不如"别人，也坦然接受他的普通，只要记得，他是我的孩子，无论如何我都爱他。

希望当我们的孩子回味童年时，他留下的记忆是美好的，温情的，一家人甘苦与共的，而不是充斥着"别人家的孩子怎么样，自己怎么做爸爸妈妈都不满意"的声音。希望孩子都能从被比较的低自尊里脱离出来，获得信心、安全和自由的感觉，那才是满足未来发展各种需要的核心素养。

丹丹贴士

★ 妈妈放下自己的比较心，首先从自己的童年或原生家庭里找症结。

★ 不要单单凭成绩来定义自己的孩子。

★ 坦然接受孩子的普通，给他们无条件的爱。

03

家有"熊孩子"怎么办

美国印第安纳大学的研究发现，大概有 20% 的孩子属于非常顽皮的那一类，他们在童年时表现得精力充沛、顽固、易怒、脆弱，经常让照顾他们的人精疲力竭，但成年后，他们又变得充满活力、富有激情、有主见和领导作风、坚韧、会照顾别人。

尽管有科学研究在先，老话也常说调皮捣蛋的孩子更有出息，很多社会新闻也间接证明乖孩子不等于未来的好孩子，但是，如果对现在年轻的妈妈们做一个群访，还是会听到一堆抱怨的声音：为什么别人家的孩子乖得像兔子，我家的却是个刺头，坐不住，也摔不怕，爱凑热闹爱顶嘴，一天不跟我对着干就不舒服。这不是个案，一个妈妈开了头，会有一群妈妈争相比拼：那你是没有见过我家的"熊孩子"，绝对比你家的更捣蛋。

我怎么会不熟悉这样的场景呢？刚进家门还没换鞋洗手，就被娃拖着往玩具堆里走；累了一天想坐下来喝杯茶，马上就会有打破东西、吵架、告状的事要处理；让他们回房间各做各事，八成又会听到一个声音，你不也在客厅玩吗？带去游乐场，不一会儿就抢了别人东西追打着回来"讲理"……如果是在家里"熊"，处理起来稍微好办一点；在公共场合，家长既要处理面子，又要处理里子，常常会忍不住吼起来。

父母把孩子的这一系列行为统统视为控制不住自己的"熊"天性，但你们有没有想过，孩子为什么要在父母的眼皮底下捣蛋、惹事呢？

说真的，孩子有时候也不一定分得清自己的意图，到底是想要探索一下世界，还是试探一下妈妈的爱？但他通过幼年时的经验已经知道，哭闹可以让妈妈过来抱起自己，那么长大以后，他自然也能娴熟地运用这套动作：制造一个让妈妈受不了的噪音（跟兄弟姐妹大声吵架、往地板上使劲扔东西），不顺从妈妈的意思（偏不一个人进房间写作业），让妈妈紧张（当着妈妈的面抢其他孩子的东西）。孩子这套动作的潜台词其实是：妈妈过来看我，妈妈过来陪我，妈妈你欠我一个拥抱，妈妈你也给我买一个那样的玩具……

"妈妈的眼睛看过来，妈妈的手伸过来"，不要以为大一点的孩子就没有这份需要了，有的人甚至在成年后依然把父母的注意和评价看得很重，更别提成长中的孩子。他们跌跌撞撞地走在认识世界的路上，有时候恐惧，有时候迷茫，只是因为知道身后还站着爱自己的父母，就不害怕继续探索，前行。

孩子总是要反复多次确认这份陪伴和支持还在。有时候，一回头发现父母在忙别的事，那他就得想点办法让父母的注意力回来。请注意，不同性格特质的孩子此时会表现得完全不一样：有的孩子可以清晰地表达"妈妈，请你过来陪陪我"的意思；有的孩子却不善言辞，或者曾经多次遭到拒绝，"我忙，你自己玩""不要老是缠着妈妈""这件事你可以自己做"，所以只得采取"绕远路"的方法，那就是让妈妈紧张，眼睛不得不看过来。表现出来就是前面说到的"熊孩子"状况：爱捣蛋，刺头，不能乖乖坐着，摔不怕，凑热闹，顶嘴……

那么作为妈妈，面对孩子的"熊"，要做的应该是一套"组合拳"。

首先，妈妈需要晚十秒钟发火，琢磨一下孩子调皮捣蛋的原因。

就算是同一种行为，每个孩子的出发点也不同。有的是天性好奇，对很多事物都想要一探究竟；有的是精力过剩，运动类的活动安排得太少；有的是想通过闯祸引起妈妈的注意，换取陪伴……妈妈们控制一下自己的情绪，想一想孩子行为背后想要表达的诉求，才能对症下药：天性好奇的孩子就多提供给他一些探索的材料和环境；精力过剩的孩子就带他多去做户外运动；情感匮乏的孩子就需要多多给他有质量的陪伴。哪怕他就是没有任何原因的调皮捣蛋，你也需要好好消化这个信息，接受他就是一只"顽皮猴子"。

其次，妈妈们要尝试站到"河对岸"去理解孩子的"熊"举动。

每个孩子在自己的世界里都有一套属于自己的运行逻辑，妈妈们不要因为孩子的某些行为不符合成人世界的规则和标准，就想粗暴地把它纠正过来。举个例子，孩子不好好走大路，总喜欢走路旁的小沟或山坡，然后免不了摔倒弄得一身泥。妈妈可能开始能忍一两次，希望他从自己的错误里学习，"吃一堑长一智"，以后好好走路，可孩子依然故我，还要一再犟嘴说"别管我，我知道"。

《庄子·秋水》里有这么一段对话，惠子曰："子非鱼，安知鱼之乐？"庄子曰："子非吾，安知吾不知鱼之乐？"

郝广才的绘本《鱼之乐》把这个故事改编成躺在一条河两岸的两头熊分别看河中的同一条鱼，因为视角不同，一头熊看到好快乐的鱼，另一头熊看到不快乐的鱼。大人很快能从故事里明白，站位不同，对同一事物就会有不同的认知。那么，在孩子放着大路不走偏走"歪门邪道"这件事上，妈妈是不是应该

"这顶柚子皮做的帽子你觉得好看不？"

走到"河对岸"去看看呢？

走到河对岸，妈妈就会发现，孩子喜欢走小路，只是因为他喜欢在平常的生活里给自己来一次小小的探险，想做一件不那么安全、有一点小风险的事情，去获取一点小小的快乐。这又有什么不可以呢？

再次，花点时间解答孩子的好奇心，需要的时候陪他一起去探索，其实就是保护"熊孩子"的探索欲和创造力。

熊孩子把家里的插座拆了，把卫生纸都撕成条，用妈妈的化妆品给自己化了个大浓妆，爸爸刚买的键盘按键被他一个个抠下来了……这波操作往往让老母亲"心梗"。不过，蒙台梭利教育理念提醒你，无意破坏和有意破坏不同，两岁以前发生的破坏行为大多与身体发育未完全有关；两岁以后的有意破坏更值得深究，有的是出于探索，有的纯属模仿，还有的是好心办坏事……这些对妈妈来说带有"杀伤力"的行为几乎都可以折射出学习和探索的意思，相当于在上入门级的科学课、手工课、生物课、劳动课……满足孩子的动手欲，其实是在保护他的探索欲和创造力。

妈妈们花点时间听听孩子怎么说，再花点时间教他正确的动手方法，满足他的好奇心，远比禁止他再犯同样的错误要有用。就以拆东西为例，干脆陪他拆一个坏了的键盘，让他看看里面究竟有什么，背后是怎样的工作原理，也许这个小举动就点燃了他对机械的兴趣。

回头看看我们自己的成长过程，童年时的创造力是不是被扼杀在了"不许乱动""不要碰""你在搞破坏"这样的呵斥里了呢？

最后，父母要给孩子制定规则，允许他在既不影响他人也不伤害自己的安全范围内行动，并且尽量寻找孩子的优点，哪怕只有一点点进步也要狠狠夸奖他。

妈妈需要给孩子明确的底线原则，保证他调皮捣蛋的行为不会给他人或自己带来伤害。在安全范围内，给孩子更多的自由和空间去探索。在这个过程中，孩子也会形成一套自己的判断标准：我的行为会带来什么样的后果，我是不是能够对此负责。

而如果"熊孩子"们有了任何进步，妈妈们一定不要吝啬自己的赞美之词，要狠狠地夸奖他们。美国心理学家罗森塔尔在 1968 年做过一项心理实验，从小学 1-6 年级里挑选了 18 个班的学生进行未来发展趋势测验，并交给老师一份最有发展前途者的秘密名单（但其实这份名单是随机抽样生成的，并没有什么科学依据）。8 个月后，学生在毫不知情的情况下，却表现出与这份假名单相关联的显著变化——凡是上了名单的学生，成绩都有了进步，而且表现得开朗、自信、求知欲旺盛。老师们因为有这份名单的"暗示"，对名单上的孩子可能格外照顾，或者总是表达期许、鼓励，只是这么一点肯定的力量就能改变一个孩子的面貌。

希望妈妈们也有这样坚定的信念：我的孩子未来一定会有精彩的人生，他值得更多的鼓励和夸赞。

"熊孩子"可能是被隐藏的能力者，他能长成什么样取决于妈妈的态度。妈妈无条件地接纳、陪伴、引导才是真正解决"熊孩子"问题根源的奥义。不要做动辄责罚孩子、无视孩子闪光点的妈妈。陪伴孩子在成长路上寻找自己的目标，陪伴他把好动化为主动、顽固变成坚韧。不要试图治理孩子，允许孩子调皮，操碎了心的妈妈也许就会等来"熊孩子"的蜕变。

丹丹贴士

★ 细心、耐心地观察、寻找"熊孩子"调皮捣蛋的原因。

★ 尝试从孩子的角度去理解他的行为。

★ 花时间陪伴孩子，解答他的疑问，跟他一起去探索。

★ 给孩子制定规则，并且在孩子有进步的时候狠狠夸奖他。

04

孩子擅长察言观色是好事吗

当一些妈妈在抱怨自家孩子调皮捣蛋管不住的同时，还有一些妈妈正为了孩子的懂事早熟，喜欢察言观色，总是战战兢兢而默默难过。

心理学上把人分为四种气质类型：胆汁质、多血质、黏液质和抑郁质。胆汁质、多血质的孩子天生就有旺盛的精力，爱打爱闹，喜欢扯着嗓子喊"不"；而如果你家的孩子对妈妈向来言听计从，常常表现出超乎年龄的听话懂事，那么他可能属于黏液质或抑郁质的孩子。

朋友的孩子从小就特别安静，家里的气氛也是平静祥和居多，不过有时候夫妻俩因为琐事辩论几句，还没到争吵的级别呢，孩子就先发制人，"你们别吵了"，不是捂着耳朵，就是一个人回到房间里去，父母自然不敢再高声。不过他们也会担忧，孩子对父母关系的极度敏感，会不会是缺乏安全感的表现呢？

这样的孩子对家庭关系的观察力很强，他能敏感地从父母的言谈举止中感受到他们关系的变化。因为父母孩子的三角关系是他的第一段亲密关系，父母间的尊重、体让会给他天然的安全感；相反，父母间的相互责骂不只是损伤了夫妻关系，也触动了孩子亲密关系的那根弦，无论是哪一方受到贬低，孩子都会感到自己也受到了贬低。父母间的互相否定，紧接着伴随而来的是孩子的自我否定：他们是因为我才吵架的吗？他们真的要分开吗？我们家还能保持完整吗？

在一个家庭里，父母之间的关系应该是第一序列的关系，然后才是父母和孩子之间的关系。如果父母之间的这个关系是不稳固的、支离破碎的，就无法支撑整个家庭系统的正常运转，整个家庭关系的底座就是摇摇欲坠的。

仅仅是夫妻关系里的一次小小争吵，就能让生性敏感的孩子感受到家庭关系这棵大树的动摇。而这些看起来稳重、成熟、听话的孩子，遇到这种情况，内心早已波涛汹涌，不过跟那些常常大声说"不"的调皮孩子相比，他们因为内向的天性，通常会把自己的想法藏在懂事的外表之下。当他们努力说出"你们别吵了"时，后面其实还有一大段没有说出口的需求：请你们继续相爱，继续保护好我最珍重的家庭关系，那是我力量的全部来源，请你们继续一起爱我，缺失了你们当中的任何一个，我都会变得不完整。

很少有孩子能当着父母的面说出这后面的话，他们一方面表达能力有限，未必完全清楚自己担心的是什么；另一方面又极度敏感，担心继续下去会看到自己最不愿意看到的事情发生，害怕吵架升级变成关系破裂。所以他们点到即止，所以他们谨慎小心，也正因为如此，孩子内心的真正需求也更容易被父母忽略。

当不可避免的争吵已经发生，父母应该怎么做才能让绷紧了弦的孩子放松下来，找回安全感呢？

首先，平静自己。

你们应当意识到家不是适合争吵的地方，当着把你们俩视作顶梁柱的孩子的面，再暴躁的情绪都应该暂时冷却。你们可以换个时间、换个环境继续这个话题，但是此刻，应该尽快冷静下来，让自己回归到为人父母的身份上，想想这个身份应该肩负的责任。你们平时教育孩子礼让、谦逊、尊重他人，此时也请这样教育自己。

接下来，道歉。

向对方道歉，虽然就事情本身你们依然存在分歧，但现在不是说理辩论的时候，你们的"小观众"的理解力也不足以辨别谁对谁错，所以，不管对错，就你们刚才的激烈言辞和不友善态度向对方道歉，让孩子看到你们道歉的诚意。

再然后，向孩子道歉。抱歉让你看到两个不冷静的大人，违背了我们家庭的文明守则，做出了让你感到不安的事；这一切都与你无关，是爸爸妈妈的不理智造成的，是你的提醒让我们认识到刚才的行为是不对的。

最后，等三方都完全平静的时候，再来聊聊这件事的来龙去脉。

不妨邀请孩子来做一些事实的评判，把他拉到家庭事务中来，夫妻俩争执不定的问题，问问孩子的看法是怎样的，也让他了解爸爸妈妈是为了具体的事情而争论，不是单纯的宣泄情绪，请他做个小裁判。孩子从就事论事的讨论中，既可以理解父母偶尔的争论不会拆散一个家庭，化解他心中的安全感危机，也可以学会面对异议，在以后跟其他人的相处中，用理性的态度对待意见不合。

现在我们经常谈论原生家庭，大多数人都认识到原生家庭的重要性，知道家庭氛围会深远地影响一个人的情绪稳定性、表达能力和自我认同，父母的关系会成为孩子将来社交的一面镜子。真正爱孩子的父母不会把夫妻矛盾刻进孩子的童年记忆，他们会用稳定的关系和良性的互动给孩子构筑一个安全港湾。这是为人父母的责任感使然，也是一种爱的本能吧。

丹丹贴士

★ 不要当着孩子的面争吵，父母可以换个时间和环境，冷静下来再沟通。

★ 如果已经当着孩子的面发生了争吵，父母既要跟孩子道歉，也要当着孩子的面跟彼此道歉。

★ 等大家都平静下来，再来聊聊事情的来龙去脉。

如何帮孩子
树立自信心

01

孩子不自信你该这么做

"我的孩子总说他不行,他不敢。""我的孩子为什么总说他做不到,总是说他害怕?"这些问题,我的抖音号和快手号"张丹丹的育儿经"里经常被妈妈问到,实际上这些问题都是如何塑造孩子的自信心的问题。很多家长也问我有没有一个小妙招,一用,孩子就自信了?答案是否定的。因为孩子的自信完全是在日常生活中逐步形成的。

让我们回忆一下吧,当你的孩子要去摸一摸地上的一块石头的时候,你是不是大声阻止:"这个好脏的,不要摸"?

下雨的时候,你的孩子很想去踩一踩水,到外面去疯跑一下,你会不会马上把他拖住说:"衣服全打湿了,会感冒!不准去"?

你的孩子对别人的玩具很有兴趣,想拿着玩一下时,你会不会打他的手,高声说:"那是别人的东西,你不能拿"?孩子被你突然的高声吓得手都不知道往哪里放。

这些生活场景,你是不是特别熟悉?

　　我在二十世纪七八十年代的湘潭厂矿宿舍区里长大，各家的孩子都挂着一串大门钥匙到处跑，不等大人站在门口大喊吃饭绝不回家。我知道妈妈们会说：现在交通、治安、社会环境比原来复杂得多，哪敢放孩子一个人出门玩。可是妈妈们，你们除了出门紧盯着孩子，就算在家里，眼睛也舍不得离开他一秒钟。中国家长非常擅长精细式育儿，因为中国父母对孩子的未来抱有极高的期望，但与之不相匹配的是，他们对孩子的自我认知、自我控制、自我学习能力又持极低的评价。与其说他们不相信孩子能过好自己的人生，不如说他们更相信自己能操纵孩子的人生。他们不惜把孩子的生活圈收得比自己的还小，用眼神锁住孩子的一举一动，只为了让他一生平顺，少走弯路，最后过上父母眼里的安稳生活。

　　每一个孩子都是一个独立的生命个体，但很遗憾，并不是每个家长都意识到了这一点，很多家长潜意识里的想法是"他是我的孩子，他必须要听我的"，所以这种"家长意识"反而是这个独立生命个体成长的一种障碍。当孩子提出一些探索和想法的时候，大人会用各种各样的理由去阻止，要么是安全，要么是卫生。其实除了水、火、电这几类涉及生命安全的事情之外，很多时候在确保安全的前提下我们应该允许并且鼓励孩子去尝试，去探索。这也是蒙台梭利博士倡导的，要让孩子建立自己的秩序，要让孩子完成他们自我探索的工作。很多时候，我们的粗暴干预，正是他们日后自信缺乏的关键因素。

　　我记得女儿3岁那年的夏天，她提出："我要穿冬天的羽绒背心，戴上棉手套，去坐公交车玩。"疯了吧？夏天这么热！热，是大人脱口而出的一个字，但，对孩子而言，她并没有一个整体和全面的理解力。她不像我们已经有过体

"妈妈，今天我要穿上羽绒背心，戴上棉手套，去坐公交车玩！"

验，她很好奇妈妈说的热是什么感觉。她突然有了这个念头，那就让她自己去体验一次好了！热了，她觉得不舒服，自己就会把衣服脱下来。在这次体验过程当中，她真真切切地知道了大人说的热是什么意思，也就明白了夏天要穿夏天的衣服，冬天要穿冬天的衣服。这一切经过了她的体验和思考，就变成了她内心真正掌握的东西。而且，在这个过程中父母对她想法的支持会让她明白父母是尊重她的，她下次有任何想法就敢说出来，就敢去尝试。

除了尊重孩子那些看似不靠谱的探索的愿望之外，大人在他每一次尝试并不成功时不要说："你又这样，跟你说了吧，你做不成。""哎呀，你不听，这次又完蛋了吧！"这样的言语会给孩子负面的暗示和引导，他会觉得做得不好是很丢人的事，是会被人嘲笑的。那种被嘲笑和奚落之后产生的心理不适的感觉会让他不敢再探索新的事情。父母应该知道，因为孩子年龄小，因为技能掌握不够，因为心智发育不到位……孩子刚开始探索一件事的时候是一定不能做得很到位的，这个时候父母的态度直接决定了孩子是否会继续探索未知，是否相信自己有探索成功的能力。

如果孩子已经不自信了怎么办呢？别着急，爸爸妈妈这个时候要明确而肯定地告诉孩子："我们暂时做得不好没有关系，这并不代表我们以后也做不好。爸爸妈妈是你的朋友，会一直和你在一起。我们一起来找到把这件事情做好的方法，一起来讨论，一起来尝试，爸爸妈妈相信你一定行。"当父母一次一次地去跟孩子说这些话的时候，孩子就会真心地觉得自己做不好并没有遭到嘲笑、奚落，他就敢去尝试；做得不好的时候，他也不会觉得有羞耻感，也不会停止自己的探索，因为你的鼓励和肯定，再加上你的帮助，他就会去思考怎么把这件事情做得更好，从而养成勇于坚持不放弃的品格。

与此同时，在一次又一次的成功探索之后，孩子才会通过多次正向反馈建立自己的自信心理维度。自信并不是盲目相信自己可以做好一切事情，而是因为多次体验过各种失败，并且通过自己的努力达到了成功，这样他们的自信才不是单一维度的，而是出现了一种多维度自信的层次。这样的表现，才是真正的自信；这样的孩子，才会让合作伙伴更加信任。

丹丹贴士

★ 确保安全的前提下，允许并且鼓励孩子去尝试，去探索。

★ 孩子探索失败时不要给出负面的评价。

★ 永远给孩子最大的支持和帮助。

02

孩子畏难怎么办

"四岁女孩，做什么都觉得难，画一朵小花都觉得难，怎么办？"好几个月过去了，这个妈妈的问题还会时不时跳出来，让我联想到工作团队里的一些年轻人。一个新的设想提出来，他们的第一反应不是分析案子、整理经验、试试看怎么做，而是脱口而出"太难了、没人这么做过、不可能"，不知道他们是不是也有过一段因为要画画而感到有负担的童年。

为什么工作中我们容易否定别人提出来的新尝试，因为尝新是有风险的，有失败的可能；而且尝新打破了原有的习惯，工作模式和分工可能都要改变，需要付出更多的劳动；曾经有过尝新失败的经验的人，更容易劝诫自己：这条路不好走，非必需的话最好不要走。

成人尚且如此，孩子面对一件从没做过的事产生恐惧和退缩心理，实在正常不过。比如当他第一次下水游泳、第一次拿笔画画、第一次独自走进一间教室，在你看来不过是茶杯里的风波，但是他的内心可能已经翻江倒海了，就在你劝说鼓励的那几分钟里，他的脑子里已经预演了很多可能的后果，比如游泳呛水的可能性、画得不如预期可能被比较、新环境可能并不友好等。不敢尝试的孩子其实有一颗非常脆弱细腻的心，妈妈如果能走入他的内心，分析这个目标对他造成的影响，也许不会那么武断地说他就是畏难。

"我不敢、我不行、我什么都做不好"，除了有孩子对未知的恐惧，可能还受到长期的成长环境影响。现在很多家长已经知道好孩子是夸出来的，也深知正面评价的益处，他们也经常夸孩子"你真聪明""你好厉害"，但是孩子面对不熟悉的领域依然不敢上，这是因为孩子在父母泛泛的夸奖里，形成了一种"成功都是天生的"自我认知，做得好是因为天资聪颖或者天生具备某些有利条件，他甚至会为了保持自己始终聪明、始终厉害的形象，而不肯突破自我舒适的领域，去未知的地方探索。

还有另一种极端，孩子在被过度保护、压抑的环境里长大，每当他想要突破常规的时候，家人都不赞成、不支持。两三岁的时候想要学小猪佩奇去跳一下泥坑，马上被拉住衣袖，"泥坑又脏又深不可测，你这个想法很危险"。六七岁的时候去音乐学校，生性好动的孩子想要学架子鼓，老师还没开口呢，妈妈马上劝他，"你没有节奏感，还是从钢琴学起吧"。从来没有自己做过决定的孩子，一言一行都被教导着，要走安全的路、吃安全的食物、远离危险的环境，当他有一天突然被要求自己去尝试时，马上慌了神。虽然妈妈嘴里说出来的是"按你的想法随便画""你就当去水里玩玩呗""去看看那个教室里有什么新鲜的"，可是孩子满心疑惑，"什么是我的想法？""你不是说水下危险吗？""你不是说不能跟陌生人说话吗？"

这一天通常会在入幼儿园前夕到来，妈妈心里知道孩子马上要脱离自己的管辖进入一个集体了，得有一些社会意识，所以突然在孩子三四岁时要求他独立思考、独立行动。可是对于孩子来说，他之前一直被教导要听话、出门不能离开妈妈的视线、不要尝试没有做过的事、安全是第一位的。而现在，几乎是毫无预兆地突然要和几十个陌生的孩子共处一室，画得好的画才能被张贴在墙上，要排队去做一些从没玩过的游戏，出门前妈妈的叮嘱也从"不要乱来"变成了"要大方、要自信、要勇于尝试"，可是该怎么做呢？孩子是带着满脑子的疑惑走出家门的，出于惯性和自我保护，当然倾向于"干脆试都不要试，总比遇上危险要强吧"。

美国心理学家塞利格曼用狗做过一项经典的实验，他先是把狗关在笼子里，只要电铃一响，就对狗施以电击，狗就在笼子里狂跳哀嚎，想要冲出去。反复几次之后，只要电铃响起，哪怕没有电击，打开笼门，狗也不再尝试逃脱，而是直接躺在地上呻吟和颤抖。塞利格曼把这种因为反复的失败或者惩罚而失去主动逃避的动力，绝望地等待痛苦的来临的心理状态称为"习得性无助"。

习得性无助在成人身上最常见的表现是：消极地面对生活，缺乏战胜困难的意志力，习惯依赖他人的意见和帮助。我们不希望自己的孩子长成这副模样，但是父母们没有意识到的是，当我们在孩子一次次尝试的时候惊呼"不可以！""危险，不要！"无疑就是在按响孩子通往习得性无助的电铃。

而孩子如果已经养成了一遇到困难就打退堂鼓的习惯，父母首先要问清楚发生了什么，碰到了什么问题，然后才有可能引导孩子，让他尽快从畏难情绪中走出来，去找解决问题的办法。

有一次，彩旗参加了一个科学实验课，有一期任务是做一艘舰艇，还挺难的。孩子们组成小组，需要自己去找方法、找材料完成制作，老师只提供协助。

一开始进展得挺顺利，但后来有一天，彩旗下课回来，很不高兴，跟我说：

"我再也不去了，一点儿意思也没有。"

看到孩子正在气头上，我也没多问，后来等她情绪平稳下来了，睡前聊天的时候，跟她说起这件事："为什么不想去上科学课了呀？"

孩子才把原因告诉我："今天我们的实验失败了，我们是最差的一组。我们的舰艇 8 秒钟就沉下去了。"

"那你们找到原因了吗？"

"可能是动力系统不好，"说到这儿，孩子的情绪又上来了，"就是那个某某某，一定要坚持他的办法，说了不行还要坚持，你看还是不行吧，真是再也不想跟他玩了。"

孩子的情绪越强烈，说明她越在乎。弄清楚了事情的缘由，接下来，我们就可以做一些引导了。

我跟彩旗讲："其实呀，妈妈在工作中也遇到过一样的问题。上次我们团队讨论一个方案，有一个叔叔和一个阿姨意见完全不一样，他们争论得很厉害，闹得很不愉快。你看成年人也会这样。（这是在引起孩子共鸣。）但我们还是要完成这个方案呀，所以我们下周会继续讨论，总是能找到解决办法的。（然后是引导孩子完成任务。）你们那个课很有意思，要靠自己的聪明智慧去解决问题，其实还挺有成就感的，对不对？（接着激励孩子。）"

孩子虽然没说话，但我知道她听进去了。

果然，到了下一周上课后，彩旗回家很高兴，迫不及待地告诉我："我们成功了，我们的舰艇获得了这个项目成立以来最好的成绩！"

我由衷地为她感到高兴："你们怎么做到的呢？"她就很开心地给我解释了一通。

科学实验就是一次次尝试、一次次失败再尝试的过程。
"妈妈，每一次失败都是为下一次成功在做准备！"

在整件事情的处理过程中，我并没有给孩子提供问题的答案，只是通过共情、引导加鼓励，孩子自己就找到了解决办法。所以，在孩子遇到困难的时候，父母不要直接帮孩子搞定困难，而应该想办法启动他内心自我解决问题的驱动力，这样孩子才能逐渐学会如何面对困难，解决困难。

现在我们不必回避"畏难"这个词了，人的一生都伴随着挑战和困难，有的人习惯拖延回避，"不做总不会错"，有的人敢于迎难而上，适度焦虑活跃了思维，让他们调动资源，推进任务。如果你承认后天学习在自信心塑造上的作用，那么你大概也不会否认，成长过程中的养育也会影响一个人的自信。当他还是个孩子，意志力和自身的力量都十分薄弱时，父母有没有以足够好的养育给予他支持？

下面这些支持，妈妈完全可以做得到：

第一，总是肯定他想要尝试的决定，就算那个想法不是很靠谱，也愿意陪他试一试。

第二，肯定他时要就事论事，肯定过程而非结果，肯定努力而非强调天赋。比如"你很努力，所以才挖通了这条地道""你试了这么多种方法，终于找到了最便捷的一个""你的想法真奇妙，是不是参考了什么厉害的书"。

第三，孩子如果遇到困难表现出沮丧，首先跟他共情，表示对他情绪的理解，然后引导他去分析问题，自己解决问题。

第四，这一点很重要，请从现在开始做个乐观的妈妈，和孩子斗智斗勇失败时，一笑而过；遇到工作挑战时迎难而上，在孩子看得到的地方，以身作则。

最后我想对妈妈们说的是，不管你们生活在哪里，无论是北上广，还是在偏僻的山村或者小镇，你们首先要有立志的勇气，我的孩子将来是能做出一番惊人事业、有一个幸福的人生的，如果你连想都不敢想，怎么能做得到？妈妈们敢想，心里也认定这个信念，自己的孩子一定是有出息的，那么孩子就会自信、阳光地长大。

丹丹贴士

★ 支持孩子尝试，陪孩子试一试。

★ 肯定孩子努力的过程而非结果。

★ 对孩子的畏难表示理解，启动他内心自己解决问题的驱动力。

★ 做一个乐观的妈妈，要有远大志向。

03

孩子总怯场怎么办

直播中老有妈妈问，孩子总是临到表演开场前就退缩，不敢上台怎么办？可能她们认为我常常面临要上台的情况，应该能为怯场的孩子支招，开出一些消除紧张、建立自信的良药。我很乐意和妈妈们分享自己的经验，不过在此之前，说两个我遇到的情形，也替怯场的孩子们说几句话。

一次是几组家庭围坐一圈玩游戏，父母和孩子挨个起来做自我介绍，轮到某个孩子时，不管妈妈怎么鼓励——"没关系，你可以的，不是在家里练习过了吗，你说得很好啊"，孩子就是不肯开口。妈妈急起来："叫你说句话有那么难吗？"孩子把头埋得更低了。有经验的老师上前安抚："没关系，下次你准备好了再说。"孩子好像被拯救了一般，紧绷的脸才有了一丝轻松。

还有一个是朋友家的 7 岁男孩，据说从小就有一种奇怪的新课恐惧——每次只要是上新的培训课，他一定闹情绪不肯上场，这种新课恐惧包括换了新的场地、来了新的老师或者现场没有他认识的同学，那么他宁愿整堂课都坐在教室外、球场边，也绝不主动加入新集体。可是过了这煎熬的第一堂课后，完全不需要什么开导，他就能愉快地加入第二堂课了，交到新朋友，一起打打闹闹、恶作剧，完全没有社交障碍。

这两个例子对照着看很有意思，前面的例子是一个片段，我不知道那个孩子后来准备好了没有，活动后大家就没有见面了。后面的例子因为是朋友的孩子，有长期的观察作为铺垫，孩子的怯场行为被妈妈归纳分析，找到了症结所在，那就是他一直以来对陌生人、陌生环境的适应力都比较差，和那个在游戏圈里不敢自我介绍的孩子如出一辙。不过和第一位妈妈鼓励的做法相反的是，这位妈妈没有把孩子强行推进教室，把他孤单无助的状态暴露在老师、同学面前，她只是陪孩子坐在一旁，上了一堂场外观察课：哦，这个老师原来是这样的风格；那个同学有点意思；从这里走到厕所有多远；喝水的地方在哪里……和孩子一起观察，把陌生细细咀嚼，第一堂课的观望行为就变成了有意义的试课。下课时，有经验的老师走过来对孩子说："今天我们已经见过面了，下次课就是朋友了哦。"

对有的人来说，面对新环境和陌生人，就是比别人压力更大，心理障碍更多，他们适应新环境和陌生人的过程就是更漫长，因为一切意味着从零开始，感觉系统失灵，安全感尚未建立，如果面对的事情还不是自己感兴趣、主动想做的，那么适应过程就会不那么舒服，甚至长时间处于一种防御心理状态，不能跟大家建立融洽的关系。

环境适应困难是一种人格特质，与生俱来，有这种特质的人不代表能力比那些善于社交的人弱。不过，如果始终不能从对陌生环境的防备里走出来，长期处在心理不适的压力下，生活也会变得很困难。

对于那些天生慢热的孩子，妈妈首先要做的是放下比较心；然后，找到自己孩子的节奏，用他感兴趣的点带动他的社交节奏。

第一个例子里，孩子抗拒当众做自我介绍，在妈妈看来是"怯场"的表现，也是我们湖南人说的"出不得众"，原因一定是胆怯在众人面前说话吗？我看未必。孩子在熟悉的人面前、在喜欢的话题里都可以滔滔不绝，换个环境就缄口不言，这里面的心理动机是多样和复杂的。也许，新的环境让他身体感到不舒服，比如空气不流通的小房间、嘈杂的候场区、气味很大的场所；也许，陌生人对自己表现得不够热情，看起来也不像自己的家人那么包容，孩子担心他们可能会不喜欢自己说的话；也许，孩子对这个围坐在一起的游戏根本不感兴趣，那只是妈妈一厢情愿参加的活动，他宁愿去外面玩泥巴，所以想以沉默来表达自己的不情愿。

如果妈妈去分析孩子怯场背后的原因，就会发现有些情况下鼓励根本不起作用，他可能只是不想融入一个他觉得不合适的圈子，不想登上一个不适合他的舞台。考验妈妈的时候到了，如果你能放下自以为是的"为了你好"，和孩子一起退一步，花时间去帮他找到真正适合的环境——让他感到自在又是真正兴趣所在的环境，他会如鱼得水，找到归属感，也得到成就感。

如果妈妈发现孩子尚在观望的状态，他并不是毫无兴趣，只是还没有在新环境里建立起安全感，他虽然不肯走进教室，但一直偷偷地瞄着上课的人，流露出想走近又不好意思的表情，相信那是个很棒的信号。妈妈可以坐下来，假装需要处理一些事情，给他时间去观察和适应，如果孩子提出"带我去看看""我可以去吗"这样的请求，装作轻松地答应，就算他反复后悔也不要着急，试探本来就是学习的一部分，是自我建立的必经之路。通过自己的试探，最终主动走进陌生环境的孩子，会体验到自己对事情的掌控感，从而建立起自信心。

在妈妈的鼓励下终于上场，虽然见效快，却像某些应急措施一样，只是解决了眼前的问题。孩子战胜自我，主动选择的自信建立过程不那么立竿见影，可能需要漫长的观察、尝试、退缩、再尝试，可能会错过一些表演和机会，但我依然觉得是值得的，因为那是他的自我在成长，在一点点构建对这个陌生的、庞大的世界的认识，而唯有他的自我和自信足够强大，他才能在面对自己的人生时不怯场。

丹丹贴士

★ 孩子的性格气质不同，对人群的参与度有快有慢。

★ 找到自己孩子的兴趣点和节奏，不强迫孩子必须"上场"。

04

孩子受不了一点挫折怎么办

"孩子受不得一点挫折怎么办？"我发现很多妈妈会这么发问，虽然她们面对的实际情况是："我的孩子哭着回来说，输了比赛""孩子说失败两次了，不想再尝试了""孩子跟我说对手那么厉害，他肯定赢不了"，这些情况有不同的含义，但是经过妈妈的"解读"，一律被归纳为：我的孩子有问题，他完全输不起，抗挫折能力非常弱，是不是被宠坏了，是不是应该敲打他一下？

我在直播里只能简单回答她们，独生子女很多都经受不起挫折，这一届妈妈大多数也是独生子女，所以你们自己有的问题，你们的孩子出现了也很正常。

那么到底应该怎么应对呢？

我的建议是慢慢来，客观对待。所谓客观对待，一是怎么理解挫折。挫折是阻碍你达成目的的障碍，那么对不同人来说，什么是障碍，什么不算障碍，理解是不同的，不要把父母定义挫折的标准套在孩子身上。在妈妈看来只有一级的小挫折，对几乎毫无经验值的低龄孩子来说，就是十级的大挫折，他扛不过去，感到害怕，退缩，逃避，实在正常不过。试想一下，如果你面对一千人做演讲失败了、第一次蹦极前退缩了、在上手术台前哭了，朋友、家人会不会说："你这样受不得一点挫折怎么办？"你的孩子第一次上台唱歌、第一次拼乐高高楼、第一次跟高年级孩子一起在操场跑圈，哭着回来说"妈妈我输了，不想再试了"，他心里的挫折感其实跟你的差不多，所以请不要对孩子说"多大点事，再试试不就行了"。

客观对待的第二层含义是，妈妈平时也应该客观对待孩子的行为，不要永远只知道用"你最棒，你很好"来表扬孩子，这种泛滥的表扬声本身就是不客观也不真实的，在不客观的表扬中长大的孩子，怎么能容忍自己不够好、不是永远第一呢？家里的人从小都说我最好、我最棒，怎么一出家门却发现处处不如人呢？孩子在真实的世界和虚假的强大之间感受到巨大的落差，几乎一下就被击溃了。

对待孩子的方式既不可与真实社会脱节，给他营造"我无所不能"的假象，也不可一味地用激将法，无视他的真实感受，不停逼他进入让他觉得不安全的领域。

鼓励也许有用。我的孩子练琴遇到坎了，如果听到妈妈说请帮忙演奏一下的话，就算不乐意也还是会尝试着弹一弹；但如果她碰到的困难是要进入陌生的领地、做从没做过的事，那么大人站在一旁呐喊助威，鼓励他战胜自己，在他看来不过是隔岸观火，没有什么实际意义。

共情也许有用。没有竞选成班长的孩子哭着回来，妈妈耐心地跟他说自己小时候竞选班干部的糗事，孩子从中明白优秀是小概率事件，自己努力过了就很好，这样明事理的孩子有，但我们大概率碰到的孩子却是一直痛哭想不通的，他们甚至会为此沮丧好几天。

陪伴肯定有用。成年后我自己的经验是，如果碰到过不去的坎，很大的挫折，身边人出于关心的安慰："没事的，人不会事事如意""不必苛责自己，你已经很好了"，又或者鼓励和刺激："不要害怕，我相信你做得到""扛过这一关，你就能打怪又升一级"……这些话语都很暖，讲的是切实的社会生存法则，但也都无用。对于需要独自挺过难关的我自己来说，伤痛是真实存在的，并没有因此得到缓解。这时候，陪伴在侧的家人什么也没说，大概是觉得工作的问题他们也帮不上什么忙，于是每天继续做出好吃的一日三餐，继续一起看新闻，在我身边谈论平淡的小事，把带孩子的责任暂时包揽过去，而我就在这种没有波澜、安心放松的日常里，慢慢恢复，慢慢走出来。

对待挫折，不仅是孩子的事，也与妈妈的态度直接相关。我们身边大概都有这样的成年人，特别追求完美和理想的状态，不容忍一丁点差错，而他越是追求完美，越容易看到不完美的自己，也就越容易陷入自我否定。我总是说养育孩子是长跑，要从长远来看，如果你能从身边得了"完美综合征"的成年人身上看出自己养育方式的不当，那说明你在当妈妈的路途上逐渐成熟了。完美的自己难道真的是孩子想要的吗？我看未必。有的家长对孩子始终抱有极大的期望（而且不是放在心里），不自知地向孩子不停灌输要更好，要超越，要战胜别人，只有这样妈妈才会更爱你的观念；孩子则因为期待被表扬，被拥抱，被爱，而不断向妈妈的理想看齐。可是当他进入集体，登上更大的舞台，突然面对巨大的挑战时，一次受挫就可以让他一蹶不振，不是事情本身的困难击败了他，而是"事情做得不完美 = 不够好的自己"这个内心认定击溃了他。

我们劝慰失败的成年人时，会说你要接受自己，即使不那么完美，即使有点坏，但你也应该爱自己，你值得被爱、被好好地对待。这些话听来有些耳熟，像幼儿园老师会说的，没错，这些话本应该在幼年时就钻入每个孩子的耳朵，因为"即使不完美，也要爱自己"是人生的必修课，只有这样，孩子才能长大成人，才能建立自己的标准，获得行走世界的自由。只有理性看待不完美的自己的人，才不会轻易就被一次失败击倒，被一个不完美的情侣伤害。

当孩子对你哭诉，或者你看出来他陷入了"我又输了，我又做错了"的沮丧情绪时，就这样做吧：

第一，拥抱。不需要任何理由和说辞，只是抱住很难过的他，拍拍他的背，说"好的，好的"。

第二，和他谈谈这件事本身。你可以帮他分析原因，总结经验，但也可以不这么做，只是听听他的想法。

第三，告诉他：如果还想试试，妈妈愿意陪着你；如果暂时不想，也好，去做你喜欢的其他事吧。千万不要小看你的孩子，就算你不逼、不催，他自己也会踏过这个困难，也许只需要几天，也许还需要多几次锻炼机会，也许是明年，放在他生命的长度里，这又算得了什么呢？

丹丹贴士

★ 在孩子难过的时候给他一个拥抱。

★ 客观地和孩子谈论事情本身。

★ 如果孩子还愿意尝试，陪着他；如果他不想，没关系。

如何帮孩子活出自我

01

如何养育男孩

家有一对儿女的妈妈，估计会对下面这个例子深有同感：大了三四岁的哥哥经常表现得还不如妹妹，无论是说话、情绪控制力还是智力水平，妹妹在他那个年龄时发育都要更超前，所以常常能听见别人评价，妹妹更懂事，哥哥更像弟弟。而经常被这样评价的哥哥，表现得更加易怒，不听话。

我家是姐姐和弟弟的组合，我也会很明显地注意到弟弟的语言发育不如姐姐当年的水平，这是男孩女孩发育进程不一致造成的差异。

事实上，如果能早些明白男孩女孩生长发育的进程不一样，大脑结构也存在差异，从而导致他们表现出不一样的特质，对有男孩焦虑的妈妈会有所帮助。

脑科学家洪兰博士的研究表明，男孩女孩在大脑结构上有很多不同，女孩连接两个脑半球的胼胝体比较厚，男孩在下视丘的神经核INAH比女孩大了2.5倍；男孩说话时，左脑前区活化，女孩说话时，左右两边脑都活化起来。大脑结构不同，男孩女孩的气质、行为肯定就有不同。

其实男孩女孩在生命之初就已经表现出不同。当XY染色体的胚胎发育到

6-8 周时，会开始分泌睾酮素，增加大脑性爱区和攻击区的神经细胞，减少专司沟通的细胞，这使得男孩说话沟通的能力不如女孩，攻击力、竞争性增强。

所以，男孩在生命初期容易表现得更好动，而不那么黏人；更喜欢探索，但不太擅长表达；更喜欢展现领导力，但又不怎么会和人沟通；处理问题时，先上手后说话。简而言之就是男孩更关心物，而不是人。

大家身边可能不乏这样的例子：乐高课上，能搭建摩天大楼的小男孩却不能做完整的自我介绍；还上着课呢，一个小男孩突然溜达到教室外面去了……

但是因为社交能力被作为成熟的标志之一，男孩不那么喜欢人际交流，也不怎么会表达自己、关心他人，就容易被认为是不成熟。他们的探索精神也常被认为是鲁莽、多动，就连精力充沛、睡得更少这一点也会被认为太不让妈妈省心。

如果你能冷静下来，先忍住自己对这些行为的评价，告诉自己，他的这些动作背后代表的其实是：他是个男孩，天生兴趣广泛；他是个男孩，天生不那么会沟通；他是个男孩，天生精力充沛。那么，你会掂量一下自己将要说出口的话，也许换成这样更加有效：宝贝，注意看妈妈的眼睛；宝贝，我们一起玩好吗；宝贝，妈妈需要你安静五分钟，可以吗？

具体来说，还有几条原则是我认为妈妈们在养育男孩时需要注意的：

第一是"放电"法则。妈妈们想必已经认识和接受了男孩精力更旺盛，需要更多的肢体活动，那么就提供一个安全的环境让他们充分"放电"。他们需要空间从事体育锻炼，需要和小伙伴进行肢体碰撞，释放精力和结交朋友。

第二是沟通聚焦法则。我平时跟女儿讲道理，会用简单的图画辅助说话，让她可以从形象的图形和抽象的话语里同时接收信息，帮助她理解。对儿子讲道理，画纸可能还没摊开呢，人就跑了，所以每次跟他说话都赶紧蹲下来，盯着他的眼睛。对待一个脑子里随时都在关心十件事的男孩，妈妈一定要注意语言的密度，少说，说重点，这样才能马上抓住他的注意力。相反，掰开揉碎了说，晓之以理动之以情地反复说，你说到口干舌燥，他听进去的没几句，人还在，神已经飞走了。

　　第三是尊重法则。诚然，无论是养育男孩还是女孩，我们都需要把他们当作一个独立的生命个体去尊重。但是男性在是否得到了尊重这件事情上可能会表现得更为在意。实际生活当中的经验也能佐证这一点，比如在一场冲突中，女性更倾向于将对方的行为理解为不够爱，而男性则会将对方的行为解释为缺乏尊重。而男孩天生也是具有这种男性特质的，并且，可能会把是否得到了尊重作为衡量母子关系的压力指标。所以对待男孩，不要经常因为他们犯错误而贬低他，而是尽可能地尊重他们的骄傲和男子气。

　　第四是"爸爸法则"。爸爸的参与对培养一个心理健全的男孩子有非常重要的作用。尤其是男孩到青春期以后，探索外部世界的愿望会更加强烈，这时候他们会倾向于疏远代表安全感的妈妈，对爸爸的观察和依赖会逐渐增多。但如果爸爸从小没有和男孩建立起情感的链接，是无法在青春期承担起这个职责的。因此，多鼓励爸爸和儿子一起玩男孩子的游戏，带着他打球、跑步、露营，父母们都会欣慰地看到男孩儿们眼里充满喜悦的光芒。

　　当一个男孩的妈妈，的确需要更多的精力、在教导上不断反复的耐力，有时候甚至是更少的睡眠。好吧，说了这么多苦和累，我要宣布一个好消息：如果你好好陪伴他度过了"长不大"的 0~8 岁，小学三年级可能会是个分水岭，男孩开始表现出逻辑思维能力上的优势，可能会在数学、科学等科目上给人

"突然变聪明了"的感觉，因此从父母、老师那儿得到原来少见的正面评价；接下来，他又因为这种鼓励而愈发认识到自己的价值，从而在擅长的领域里发挥得更好。这大概就是老话说的"终于开窍了"吧。

0~8岁的男孩妈妈，不知道"总会有开窍的那一天"这样的鼓励能不能给你力量呢？

家里那个看起来永远长不大、永远在闯祸的男孩，现在是会让你经常一头包，没有一刻的安宁不算，甚至还不得不为他跟别人道歉，但妈妈们也一定会记得这样温柔暖心的时刻——他突然一头撞进你的怀里，说"妈妈我保护你"。希望那个莽撞的男孩能不时给你力量，让你可以不慌不乱，用平常心陪伴他到真正长大的那一天。

丹丹贴士

★ 提供安全的环境让男孩儿充分"放电"。

★ 与男孩儿沟通要少说，说重点。

★ 男孩对于是否得到尊重更敏感。

★ 爸爸的高度参与。

02

怎么养育女孩

不听话、对着干是男孩最让人操心的事，那么听话、乖巧就一定是好事吗？

我的直播间里有不少针对女孩的问题："四岁女宝，总怕自己做不好，不敢尝试""女宝，怕黑，怕虫子""说她一句就哭了""女宝七岁了，还喜欢咬手指甲"……

和男孩们永远在闯祸、怎么喊都装作听不见相反，女孩对未知更容易持观望的态度，也更注意观察别人的态度，她的注意力更多放在情绪和沟通上。简单说，就是女孩更敏感。

这是因为女孩在出生后卵巢就开始分泌雌激素的结果。有研究发现，给 60 名新生男婴和女婴听 1500 赫兹的声音，结果女婴大脑的反应比男婴高了 80%；女婴三个月后搜索和辨识面孔、与人进行眼神接触的能力增加了 400%，而男婴几乎没有增加。

女孩的这种特质使得她在学习中能更专注地听和看，因此能获得更好的成绩。同时，这种特质也带来另一个结果，就是让她更在意外界的评价和情感反馈："我是不是做得够好？""妈妈是不是会表扬我？""我这样做妈妈会开心吗？"她会根据外界给出的反应调整自己的行为，这通常也被认为是成熟的标志，是善解人意，比刚从树上摔下来又爬上去的神经大条的男孩要强多了。

家有懂事的女宝，妈妈们感到轻松和庆幸时，我也想提醒一下各位妈妈，一定多注意孩子的"内心戏"，不要让善解人意跑偏了，成为随时随地的察言观色；请一定要保护好她的自我认知，维护好她的自尊。

苏联教育家苏霍姆林斯基说：儿童的尊严是人类心灵里最敏感的角落，保护儿童的自尊心就是保护儿童的潜在力量。自尊离不开评价和情感体验，更离不开自我价值，如果孩子把外在因素看得过重，总是用父母的评价来衡量自己应该做什么，做得对不对、好不好，那么很容易陷入被动人格，也容易因为打击而否定自己的价值。

我在直播里常常看到一些妈妈的提问，让我感觉这些妈妈真是"细致入微"，总能把孩子的一点点"毛病"都看在眼里，比如："孩子背诗时不喜欢被人插嘴提醒怎么办？""孩子上台时总有一堆小动作怎么办？"在我看来，孩子能在人前背诵、上台表达就是很了不起的事，但妈妈还是能从中挑出毛病，就算听到别人夸奖自家孩子，也总是露出一副谦虚的态度，"还不够好，还不够好"。

敏感的、一直在观察父母表情的孩子（当然敏感的女孩偏多），这时只会感受到父母的不满足，而觉得自己真的不够好。她越是懂事，越是能从这些不够正面的评价里去检讨自己。对，"还不够好"不是完全负面的评价，在家长看来这不过是一种策略，以免孩子陷入自满；它甚至是鞭策，让孩子永远在追求更好的路上。

"看我，看我！"

以自我为中心的男孩受到这种评价的影响较小，敏感的女孩则不同，她们更容易追随父母的情绪。如果父母常常给她肯定，鼓励她去实现自己的想法，那么她会逐渐建立起清晰的自我认知，敢于挑战未知。相反，如果她的想法、做法常常受到不够肯定的评价，那么孩子就会失去自信，不敢肯定自己的想法对不对，会逃避做决定的责任，就算成功了也认为自己不过是运气好。

只有用长久的肯定和鼓励做铺垫，敏感的孩子才会相信自己，相信妈妈对她说的"去试试，没关系"的话，才敢在一件未知的新事物突然降临、一个未知的地点需要走进时，大着胆子去试试。因为她知道即使做得不好，爸爸妈妈也会包容她，肯定她的尝试是有价值的。更重要的是，这件事是她主动去做的，不是为了迎合、获得表扬而去做，她能从行动中得到真正的自主的快乐。

所以，家有女宝的妈妈们，我也准备了几条关键养育法则：

第一是"富养女孩"法则。我所说的富养不是指物质上的，而是指精神上的富足。我们上面说了这么多女孩的特质，就是想要告诉妈妈们，要用心去呵护女孩敏感的精神世界，给她们足够的安全感，让她们确定自己是被爱着的，也是值得被爱的。不要让她们因为妈妈严格的评价和严厉的控制，养成一种讨好型的人格。那些女孩被 PUA 的悲剧，是妈妈们绝不希望看到的。那就从小给她们足以抵御这些渣男的底气：我很好，我值得！

第二是尽可能地拓展女孩的眼界。眼界的高低决定着女孩以后的边界，她小时候见识越多，尝试越多，长大以后她面对各种诱惑的时候就更懂得拒绝，更知道自己想要的是什么。我们看到过一些年轻女性因为一点物质的诱惑而放弃自我，可能就是因为她从小看到的就只有这么大的世界，这个世界里的标准就是物质的成功。而拓展女孩的眼界，也并不需要妈妈们用金钱堆砌才能完成，在能力范围内，带女孩去体验不一样的生活，看更广阔的世界，去接触不同的风土人情，当然是有效的办法。除此之外，带着孩子去感受大自然的魅力，培养她对阅读、对科技知识的兴趣也是非常好的办法，这些都能从不同的层面让女孩看到更丰富的、更精彩的世界图景。

第三还是"爸爸法则"。在上一篇里我们提到了爸爸法则对于养育男孩的意义，那么对于女孩，爸爸其实会在很大程度上影响女孩对异性的看法，影响她将来的择偶标准。如果爸爸对女孩的陪伴是良性的，那么女孩长大遇到渣男的几率就直线下降。爸爸多陪女孩做游戏，让她知道一个好的男性是幽默的、开朗的；爸爸带着女孩一起去解决家庭里的小问题，让她知道一个好的男性是有责任感的，有动手能力的；当女孩遇到困难的时候，爸爸第一时间去鼓励她，会让她知道，真正爱她的人会包容她而不是嫌弃她；爸爸尊重妈妈，体贴妈妈，并且不吝于表达对妈妈的爱，在这样健康有爱的家庭环境中，会让女孩的内心也充满爱和阳光。

女孩怎么认识自己，跟爸爸妈妈怎么对待她、是否接纳她的一切有关。所以请你把对她的爱和支持说出来，帮助她更爱自己。

丹丹贴士

★ 从精神上"富养"女孩。

★ 尽可能地拓展女孩的眼界。

★ 爸爸的高度参与。

03

无精打采的年轻人——父母该何时退出

1998 年，我大学毕业就进入电视圈，20 多年来，我一直在湖南卫视工作，何其有幸，人生最好的年华遇上了中国电视的黄金年代。在这个特别热闹的地方一直也不怎么喜欢扎堆，也很少应酬，有些同事看不懂，觉得我这样太闷、太无趣。现在很多年轻人喜欢躲在自己狭小的世界里，除了工作就是网络，有些人甚至工作都不愿意找，对他们来说，社交是不必要的，不熟悉的领域最好不涉足，挑战也尽量避免，日子过得无风无浪，但也成日里没精打采。

和总觉得无趣的年轻人不同，即便一个人，我也并不觉得孤单，因为阅读让我内心丰富，四代同堂的大家族让我又操心又温暖。可我的孩子不可能拥有我儿时的成长环境了，既没有邻里关系密切的工厂家属区，也没有亲戚一大把的大家族。根据民政部公布的数据，结婚率正在逐年下降，选择不婚的人群比例上升，这会带来人口出生率的持续下降，家庭规模将会越发缩小。在这样的社会背景下，我们的孩子未来几乎不可能拥有如我们一样的大家庭，也不可能从大家庭里获得情感上的支撑。他以后一个人独处的时候，能不能得到内心的满足？如果他拥有了一个原子化的小家庭，能不能给他的家人和孩子以支持？

　　我自己是从传统教育里出来的，努力考上大学，抓住机会进电视台，我的父母培养我的方式就是读好书，找好工作，过好自己的日子，可以说目标明确、路线清晰。但我怀疑，这种方式对于未来我们的孩子也许不再适用，按部就班地读好书，最后找到一份好工作的路途大概率不会存在了。父母需要重新思考那些最基本的养育原则。如果你们清醒地知道，自己教育孩子的目的是为了让他成长为一个内心丰盈、行动果敢的人，是为了让他在父母离开后，依然能安心地过好自己的日子，那么就请各位爸爸妈妈记住，忘了所谓起跑线，放下你自私的进取心吧，请用你的孩子喜欢的、能接受的方式，全面培养他的思维能力、创造力、幸福感受力，那才是让他坦然面对未来的有用武器。

　　为什么在这本书的最后，又要提起未知的将来和教育的目的呢？

　　每一个妈妈都是孩子最好的教育专家，没有绝对适用于每个家庭、每个孩子的育儿灵丹妙药，只有尊重孩子普遍的生长发展规律，遵循科学的育儿理念和方法，最重要的是每一位妈妈自己必须足够耐心、足够用心，才能找到最适合自己孩子的育儿逻辑。妈妈们信任我，来问我孩子怕黑怎么办，孩子不吃饭怎么办，孩子不写作业怎么办……我也不跟你讲大道理，就只跟你说具体怎么办，我是这样做的，对我的孩子有用，建议你也试试。我很清楚同龄的孩子有行为、思维上的相似性，但他们更是不同的个体，性格不同，家庭环境不同，同样的方法在我家适用，放在你家孩子身上可能就没那么快见效。那我能为你做什么呢？我想以一个高龄二胎妈妈的身份，相比年轻妈妈更宽阔一些的站位，喊醒大家不要当"细致入微却局限"的妈妈，帮助你从只看到"问题"的局限里走出来。因为我发现很多孩子的所谓问题，其实大部分来自家庭，爸爸或妈妈是非常认真的人，进取心和责任心强烈，有严格的规则意识，孩子像木偶一样遵从执行着父母的想法，从一开始不能从心所愿地行动，到后来懒得主动思考，最后习惯性回避挑战，维持现状。他们没有担当，甚至到最后真的忘了自由意志是什么。

中国 2020 年的出生人口是 1200 万，是从 1949 年以来出生人口最少的一年；而 60 岁以上老龄人口比例由 2010 年的 13.26% 增长到 2020 年的 18.7%，我们国家可以说是"未富先老"。国家为了提高出生率，开放三胎，降低幼儿园收费，保障 3 岁以下婴幼儿父母的育儿假……对养育孩子的家庭来说是利好的消息，但为什么很多人还是觉得孩子难养，不愿意生孩子？父母是真的觉得养育一个孩子太难，还是按某种套路养育一个孩子太难？

妈妈有洁癖，孩子喜欢跳泥坑就成了毛病；妈妈做事非常认真，从不三心二意，孩子坐不住就成了毛病；妈妈规则感很强，孩子在公共场合吵闹就成了毛病；妈妈责任心很强，答应的事一定做到，孩子出尔反尔就成了毛病。妈妈没有任何恶意，她只是依照成人的行为规范、道德准则来要求自己的孩子，但显然遇到了抵抗，这是孩子难养的第一个原因。

我们都说要尊重孩子，尊重孩子的成长规律，尊重孩子的个体差异，尊重孩子的独立人格，但是在养育的实操过程中，妈妈们其实是很难时刻做到这些的，很多时候让自己的掌控欲占了上风，让维护做妈妈的权威和体面占了上风。

我记得几年前，有一段时间我的工作压力特别大，孩子也正是淘气的年纪，不肯遵守我设定的规矩，两个人闹得水火不容，我也绝不肯让步。"我是你妈，我的原则怎么可以让步呢？"我就是这样想的。记得那时公公婆婆认真地跟我谈了一次话，"我们知道你最近压力比较大，但这样对孩子不公平"。当我和孩子互不退让的时候，他们还用老人惯用的温和态度，去对待孩子要吃糖、要看电视这样的请求，看上去好像是老人在溺爱孩子，但我后来想明白了，并不是，而是他们的人生智慧告诉他们：一个家庭里，孩子一定要有一个可以发泄情绪的地方，如果全家人都针对他，做错了一点事就人人喊打，那么孩子他该往哪里去呢？他不就跟住在牢笼里一样吗？

妈妈觉得孩子难养还有一个原因，就是妈妈把自己的成功或者遗憾投射到了孩子身上。妈妈如果是学霸或是工作上的带头人，眼看着幼儿园、小学班上的"牛娃"那么多，自己的孩子不在前 5%，就焦虑、难受，觉得自己的优秀基因为什么没有成功遗传给孩子；妈妈如果不是世俗意义上的成功者，那么就益发想要把这种遗憾和缺失在孩子身上找补回来，想让孩子拥有跟自己不一样的人生。无论是哪种妈妈，都使出浑身解数来"鸡娃"，生怕孩子落后，生怕孩子不够优秀，优秀的成绩单成了妈妈们养育成功的唯一勋章。

世界正在悄然改变，可功利的教育模式没有变，很多父母对于只有读书才能改变命运的陈旧认知也没有变，在这样的惯性思维下，宁肯舍弃自己的职业生涯和个人生活孤注一掷地投资在这场孩子的教育事业上。且不说这样的投资回报率有多高，我要问的是，那个在父母牺牲式的陪读中长大的孩子，就算成功地考上了一个不错的大学，在他以后漫长的人生里，失去了父母为他设定的目标，没有了父母全方位的陪伴和鞭策，还能不能找到方向，找到自己呢？说实话，这些年我在工作中见得更多的是离开了父母的羽翼后就茫然无措的年轻人。

此外，在疫情期间，我们发现学校教育的场景发生了巨大的改变，在不得不蜗居在家的日子里，孩子们只能选择在线教育的方式来学习知识。在这个场景下，没有老师面对面地教授、管束孩子，孩子的自主学习能力、自我控制能力、自我规划能力就显得尤为重要。只有这种由内生发的自我驱动力，才有可能让孩子一直保持终身学习和成长的能力；才有可能让他无论处于什么样的境况，都有足够强大的内心和技能来支撑自己。

而在家庭教育端，疫情期间父母和孩子全天候 24 小时的相处，亲子关系不是更亲密了，而是更剑拔弩张了。为什么？很大一部分原因是，父母把家庭教育复刻成了学校教育，在本该亲密相处的家庭生活里，仍然一味地强调学习、学习、再学习。父母失去了自己的位置，妈妈不再是妈妈，而是把自己当成了另一个老师，必然会造成孩子对于亲情、温情渴望的缺失。我一直都非常认同这个观点，先成人后成才。这句非常朴素的话其实概括了教育的本质，父母应该把眼光定在"成人"二字之上，我们更需要给到孩子的，是健康的体魄、找到自我的勇气和能力，还有安全感和幸福感，这些远比成才和成功更重要。

在此之上，如果还要我说有什么基本的育儿理念，我能肯定的只有三条：第一，家庭和睦，夫妻俩天天互扔刀子，孩子也会活在战战兢兢中；第二，妈妈的脾气相对要温和乐观，积极向上。一个消极负面的妈妈不可能培养出一个积极的高自尊的孩子；第三，爸爸妈妈后退一步，尊重孩子，理解孩子，支持孩子，永远站在孩子这一边。

未来会怎样？不知道。但我知道，应该让更多人知道并相信如果孩子从一开始就得到父母无条件的爱和信任，内心丰盈，行动敏捷，那我们的孩子一定会找到属于他的路，迎接属于他的丰富多彩。

后疫情时代，我们如何做父母

2020 年的开篇很特殊，1 月开始，新冠疫情的影响波及了每一个家庭；2 月，我开始在短视频平台上，用直播给身心俱疲的妈妈们打气。那时候我们一家人刚刚从新加坡旅行回来，孩子们还没倒过时差，入睡晚，所以直播只能从他们睡着后的 11 点开始。让我意外的是，那时线上依然有很多妈妈。带过娃的都知道，晚上十点以后，是妈妈一天中最珍贵的独处时刻，用来充电、放松，可不管自己怎么想放松，脑子里依然回放着关于孩子的画面。

"四岁女孩，做什么都觉得难，画一朵小花都觉得难，怎么办？"

"五岁男孩，最近很叛逆怎么办？"

"六岁男孩，拿了外公的钱去买玩具，怎么办？"

"这段特殊时期，孩子该学什么好？"

…………

她们在手机那头，用简单的句子描画出一个个孩子的模糊样貌。

我在职业生涯当中，参与过 1998 年特大洪水、SARS、汶川地震、玉树地

2020 年 1 月，我们一家刚从新加坡度假回来，孩子们戴上了口罩。当时谁也不知道，这场突如其来的新冠疫情会影响全世界，对人类的生存和生活有如此大的冲击

震等灾难报道，而这次直播到第 18 场时，我给自己立了个目标，要一直直播到小学开学。我不是医务工作者，也不是科学家，无法参加一线报道，不能与身处疫情中心的他们一起战斗，但我至少可以在深夜陪伴平凡家庭里因为疫情不得不与孩子日夜缠斗的各位妈妈，用我的知识和经验解答她们的疑惑，舒缓她们的焦虑，把她们从焦灼的当下拉出来，去看一看未来，想一想最初。

这个世界已经不一样了。

新型冠状病毒让全球化从必然走向了未知，世界经济增速放缓，民粹主义暗流涌动，各种"黑天鹅事件"频发。人工智能的飞速发展会导致在未来的 20 年里，很多人类的岗位被替代。2020 年中国的人口出生率再创 1949 年以来的新低，幼儿园满园率下降……"天花板"已经出现了，我们面对的是一个"百年未有之大变局"的时代，在这个时代发生转向的路口，我们，应该怎么做父母？

如果还用我们这一代的成长模式和思维，甚至还用过去十年的经验来思考当下的教育，去培养一个属于崭新时代的孩子，将会是一件可怕的事。因为游戏规则已经变了，原来那套玩法的末端已经失效了。父母们如果还惯性地把孩子摁在固有的程序里亦步亦趋，一定会让孩子在面对未来的时候不知所措、无所适从。

某个早上，我看到一条新闻，让我这个离送考还有十年的妈妈心情无法平静，高考成绩出来后，南京一中高一、高二年级的家长站在学校门口，手举"校长下课"的字条抗议。字条背后的信息是，中考时，南京一中比另外一所中学的录取线更高，但今年高考的成绩反而比不上后者。

与家长们义愤填膺的声讨不同，新闻下面的评论又是另一个世界，获赞更多的评论主要来自南京一中的历届毕业生，比如："我是 ×× 届毕业生，高考成绩不是唯一标准，毕业后五到十年的表现才是我们的真实反映，庆幸我们学校没有采用 ×× 中成绩唯上的模式，而是注重培养综合素质，我特别高兴最好的年华是在南京一中度过的。"

孩子是理性的，他们看到高考分数以外的人的全面性，庆幸自己没有变成一个考试机器人，但问题是，家长听得进去吗？没有写出来的家长心声大概是这样的：这一届毕业生没有一个考到 400 分以上，更不用说像某些超级中学 400 分以上有多少个，那么下一届呢，下下届呢？我们的孩子挤破头才进到这里，家长们放了一百个心把孩子交给学校，但学校怎么能还给我一个无望呢？

我试着代入自己，如果我是中考拼死拼活考进名牌高中的孩子的家长，我会不会不问孩子的付出和获得，只关心他试卷上的分数，并把这一切的责任推给学校？我的女儿现在读四年级，离高考还有很多年，扪心自问，我会去举牌子吗？

我觉得我可能不会，我一定不会，因为我会自觉地把眼前的问题拉到一个长时间轴里去，不是上学的这 12 年，而是放到人生的长度里去看。

在她才刚刚开始的长长的人生里，什么才是我最希望她拥有的？

在长沙的一所名牌初中，我听说一个一直考年级第一的孩子抑郁了。

一个初中的孩子，因为在校表现不佳被请家长，妈妈劈头盖脸给了他一巴掌，然后他转身就从走廊里跳了下去。

一位老校长、资深教育者，她的女儿学习成绩一直都很优秀，从省里最好的小学到最好的中学，再到最好的高中，家里对她寄予了极高的希望，但她进入高中后，突然和班上成绩最差的男生恋爱了，这遭到了家人不顾一切的反对。女儿开始跟家里"斗法"，成绩一路下滑没有考上理想的清华、北大。女儿最后精神失常，家里的母亲在 60 岁罹患癌症去世。

每次看到这些信息，我总是无比悲伤，感觉有什么东西在撕扯我的心。我看到孩子在用一种决绝的方式呐喊；我看到他们茫然地站在路口，然后一头扎进未来的黑洞里；我看到父母们被巨大的恐慌裹挟，被自己想象的美好欺骗，没有时间停下来想一想，自己的孩子可能会倒在前端。

这些孩子的未来，没有来。

我希望我的孩子，健康、快乐、幸福地走进属于他的未来。

我时常回想起自己生彩旗的时候。当我在病房睁开眼只看到表妹陪在我的身边时，还有点生气："生完孩子就都不管我了，也太现实了。"然后我才知道，孩子出生时发生了羊水感染，老公跟婆婆都在 ICU 守着她。我当时差点被巨大的恐慌击溃，脑中有无数个"万一"滑过。后来我问老公：你在 ICU 的时候想些什么？他说：我什么都不求，只要孩子不缺胳膊少腿，健健康康的就行。

每次回到这个生命的原点，我就能找回我最初对孩子的期待。

而亲子关系中所有的不幸，都来源于对这个原点的遗忘。

我的直播最后做了将近 50 场。

直播间里妈妈们的那些问题呈现在我面前的不再是畏难的四岁女孩、叛逆的五岁男孩、撒谎的六岁男孩、不爱学习的七岁女孩……我想到的是，他们是一个个活泼泼的生命，他们的畏难、叛逆、撒谎、不爱学习，恰恰是他们蓬勃生命力的最好注解。

我告诉妈妈们，他们终将长大，成人，经历我们经历过的，也遇上我们从没遇到过的；他们的口头禅会逐渐从"妈妈，你等等我""妈妈，让我试试"，变成"妈妈，这是我的地盘""妈妈，你别管我好不好"。

子女待父母，总是从"你别走"到"不必追"，一条路最终是要他自己走的。只是，在他们踏出家门前，我们是否帮助他拥有了健全的人格、强健的体魄，以及足以应付未来挑战的能力？我们究竟是要培养一个停在过去，还是面向未来的孩子？

纽约大学教授 Cathy Davidson 在 2012 年就提出了这样的观点："现在的小学生，大概有 2/3 会在将来从事目前尚未发明出来的工作。想要在变化如此快速的世界蓬勃发展，创造性地思考和行动的能力变得前所未有的重要。"

清华大学的前任校长陈吉宁也说过，未来需要的不是从小学到大学各门科目都能拿 A 的"A 型学生"，而是新型的"X 型学生"：愿意冒险，勇于尝试新鲜事物；渴望提出自己的问题，而不是简单地解决教科书里的问题。

在我写下这篇后记的这个 7 月，中共中央办公厅、国务院办公厅印发了《关于进一步减轻义务教育阶段学生作业负担和校外培训负担的意见》。"双减"政策正式落地，平地惊雷，这一定会是教育生态的一次重大改变，并且深刻地影响我们这一代人，这一代孩子。为什么国家会下如此大的决心来做这样的教育改革？因为国家需要筛选的是真正的人才，而不是做题家。剧场效应下教育越来越卷，教育成本畸高，家长和孩子都不堪重负，而这些靠补课刷题培养出来的孩子，会是我们所期待的面向未来的孩子么？

基于这个对未来的判断，我们的教育应该为此做准备，而不是囿于眼前的一份成绩单。如果不在一个长的时间节点里看清未来的发展趋势，我们所培养出来的孩子一定会被时代甩在身后，而时间是不可逆的。

2019 年，我写了《妈妈总是有办法》，慰藉和我一样曾在凌晨崩溃痛哭的新手妈妈，疫情之后，我对这本书做了很多修改，为我提供给妈妈们的办法补充了更多心理学、教育学相关的理论支持。更重要的是，新增了进阶篇近 8 万字的内容——把主角变成了孩子而不是有办法的妈妈，试图从孩子的视角出发，听一听孩子在说什么，在表达什么，我们怎么蹲下身子看到他们的需求，怎么带着耳朵去听到他们的声音，怎么用耐心和微笑走进他们的世界、温暖他们的内心。希望能够和妈妈们一起停下我们慌乱的脚步，冷静地想一想，在后疫情时代，我们究竟应该如何做父母。

孩子不应该是被供着、哄着、惯着的"神"，也不应该是"我是你妈，你就得听我的"的妈妈的私有财产，他们拥有独立的人格，他们应该是自己生活的主角和创造者。他们的感受力、生命力、创造力、安全感、幸福感才是他们面对未来最强大也最柔软的铠甲。

只有当我们正视巨变的世界，承认我们这一代人的认知局限，把注意力从成绩单和某些陈规中移开，在一个全新的坐标系里去关注孩子真正的需要时，他们内心的火炬才会被点亮，他们才有可能跳出桎梏，开创未来。

我们的孩子，终究是要离开我们，走向未来的。

而我们作为父母，也请一定不要忘记经常回去看一看我们孩子最初诞生的时刻，你所有的欢喜和感动，只是因为，他是你的孩子。

张丹丹

2021 年 7 月，于长沙

致谢

　　"祝你生日快乐，祝你生日快乐……"弟弟乐呵呵地戴着生日帽，姐姐大声地给他唱着生日歌。2019 年 9 月 8 日，白露，火炉一般的长沙终于褪去了几分热度，全家人围坐在一起庆祝弟弟的两岁生日。"他们大了，我们也老了。"老公搂着我的肩膀。看着埋头吃蛋糕的孩子们，两个白了头发的中年人相视一笑。

　　谢谢孩子们，从当初的一无所知、手忙脚乱到现在处变不惊地在育儿路上升级打怪，我们为人父母，已有 8 年。8 年，以为走了好长好长一段路，转头却看见他们刚出生的样子。

　　2019 年 8 月，我带着姐姐在欧洲旅行，凌晨四点在异国用手机修改稿件，黑暗里只有手机微弱的光亮映照着我的脸，就这样一个字一个字地，居然写完了整整一本书。

　　一段故事结束了。而孩子们还在成长，每一天都有新的变化，每一天妈妈都得面对新的问题。

　　弟弟安安两岁了，身高 93 厘米，体重 28 斤，最爱说的一句话是："安安长成大哥哥了！我自己来。"他最近在练习骑平衡车，因为拐弯没掌握好经常"啪"一下摔在地上，总是自己一骨碌爬起来继续挑战。

他在学习如何更好地控制自己的身体，以及如何坚持。姐姐彩旗两个月前刚过完七岁生日，前两天被老师要求上课要集中注意力。"妈妈，我不是在讲小话，是旁边的同学问我问题，我才回答他的。"她要学习如何在规则之内合理地帮助别人，要学习在尊重老师的同时表达自己的意见以及在受了委屈之后应该如何应对。

这不是一本写出来的书，这是我和孩子们一起过出来的日常。我们的生活还在继续。

感谢刘先生。我的初恋及永远，你让我心里有安定，脸上有微笑。

谢谢刘彩祺和刘安祺。这个夏天，你们站在院子里挥手送爸爸妈妈去上班的画面，是我们最大的幸福。

谢谢我的公公婆婆，二十年来我们生活在一起，你们把我当亲女儿一样看待。

谢谢我的爸爸妈妈，为人母之后我才终于明白，当年我和妹妹让你们操了多少心。

感谢陈慧娜，初见面时你挺着大肚子，我笑说可一定要在你生产前完成所有书稿。没想到你躺在医院催产时，我们还在就书稿进行沟通。

谢谢姚晶晶，在最关键的时候接手书稿。我们不仅仅是单纯的编辑和作者，更是两个心灵彼此依偎的二孩妈妈。

谢谢湖南教育出版社，谢谢中南传媒出版集团。湖南出版业诞生了一批让我敬重的出版大家，也滋养了让我敬佩的出版精神和文化信仰。湖南教育出版社是拥有三十多年积淀的教育品牌，一直在为全社会重视家庭教育而大力发声，为了给孩子们创造更好的教育环境，他们把家庭教育出版变成了一场诗意的旅行。我很荣幸，能成为这场旅行中的一处小小的风景。

谢谢卢俊，谢谢姜喆，你们优秀的图书策划能力，在家庭教育出版领域的深度开拓，让我看到这个行业金字塔尖人物的风采，让《妈妈总是有办法》顺利与读者见面。

谢谢果麦，多年以来，作为你们的读者，每次阅读你们的书前都有"净手焚香"般的敬意和喜爱。很荣幸，《妈妈总是有办法》的升级版与优秀的你们合作。

谢谢每一位"张丹丹的育儿经"的粉丝，是你们的留言和肯定，让我有了写这本书的勇气。也是因为你们一直以来的信任和陪伴，让这本书焕新了生命力，有了今天的《妈妈总是有办法》升级版。

让我们一起吧！和孩子一起成为更好的自己，有更多更好的方法陪伴孩子成长、成才。因为，我们的孩子，是我们每一个家庭的爱与期待，也是我们共同生活的这片土地的孩子，成年后的他们将一起创造人类更美好的未来。

妈妈总是有办法，未完，待续。

关注"张丹丹育儿研习社"
获取更多精品内容

妈妈总是有办法

产品经理 | 李　静　　　书籍设计 | 朱大锤
技术编辑 | 丁占旭　　　执行印制 | 陈　金
出 品 人 | 于　桐

图书在版编目（CIP）数据

妈妈总是有办法：升级版 / 张丹丹著. -- 长沙：
湖南教育出版社, 2021.8（2021.9）
ISBN 978-7-5539-8311-0

Ⅰ.①妈… Ⅱ.①张… Ⅲ.①家庭教育 Ⅳ.①G78

中国版本图书馆CIP数据核字(2021)第102409号

妈妈总是有办法：升级版

MAMA ZONGSHI YOU BANFA：SHENGJIBAN

出 版 人：黄步高
项目策划：徐　为
责任编辑：姚晶晶　陈慧娜
封面设计：朱大锤
出版发行：湖南教育出版社（长沙市韶山北路443号）
电子邮箱：hnjycbs@sina.com
客服电话：0731-85486979
经　　销：湖南省新华书店
印　　刷：天津丰富彩艺印刷有限公司
开　　本：710mm×1000mm　16开
印　　张：21.5
字　　数：260000
版　　次：2021年8月第1版
印　　次：2021年9月第2次印刷
书　　号：ISBN 978-7-5539-8311-0
定　　价：68.00元